SELECCIÓN CULINARIA

COCINA SALUDABLE

BLUME

Contenido

Comer bien para vivir mejor

El objetivo de este libro no es que pierda varios kilos en una semana, sino ayudarle a tomar decisiones estando bien informado y que sean equilibradas.

Para seguir un estilo de vida saludable no es necesario comer brotes de soja y tofu en el desayuno, el almuerzo y la cena. Tampoco significa eliminar todos los caprichos. El secreto está en elegir entre una gran variedad de alimentos en las proporciones adecuadas. Lo que importa es la ingesta de alimentos total del día, no sólo la de una comida. Piense en esto de la siguiente forma: el sándwich vegetal con pan integral del almuerzo significa que puede permitirse un trozo de tarta sin sentirse muy culpable.

LA PIRÁMIDE DE LOS ALIMENTOS

Consumir alimentos en una proporción correcta se describe e ilustra mejor en la «pirámide» de alimentos, que muestra de una forma visual qué tipos de alimentos debe consumir con más frecuencia, de manera moderada o aislada en las proporciones adecuadas para un equilibrio de nutrientes (carbohidratos, grasas, proteínas, fibra, vitaminas y minerales). Si consume los alimentos de todos los grupos aumentará las posibilidades de consumir una amplia variedad de nutrientes; de lo que carecen algunos alimentos, se encuentra en otros.

¿CÓMO AYUDAN LAS TÉCNICAS CULINARIAS?

Elegir alimentos nutritivos sólo es una parte de seguir un estilo de vida saludable. No se trata únicamente de sustituir los productos manipulados por otros ecológicos. Por ejemplo, cuando se prepara arroz, se puede sustituir el arroz blanco por otro integral, que aporta más fibra. A pesar de que la intención es buena, la carne y el aceite que consuma en esa misma comida no serán ignorados por su organismo. Aunque no todas las grasas son «malas», es el consumo excesivo del tipo incorrecto de grasas lo que puede suponer un problema. La buena noticia es que esto también se puede arreglar con un par de consejos útiles: por ejemplo, haga la carne a la plancha en una sartén antiadherente, su propio contenido graso será suficiente para dorarla. Las técnicas culinarias son una herramienta importante para conservar el sabor de la comida sin añadir grasas. Pruebe estos consejos:

- Utilice sartenes y cazuelas antiadherentes con muy poco aceite (o ninguno).
- Rocíe ligeramente los moldes, sartenes y alimentos con un vaporizador de aceite para añadir menos aceite.
- Cueza las verduras al vapor para conservar la mayoría de los nutrientes y el color.
- Prepare los alimentos fritos con poco aceite y fríalos el menor tiempo posible.
- Cocine la carne a la parilla o a la barbacoa para conseguir buen sabor con pocas grasas.
- Hornee algunos alimentos que suelen freírse, como el pollo frito, para usar menos aceite.

El ejercicio es tan importante para una buena salud como unos hábitos alimentarios saludables. Ayuda a aumentar la vitalidad, mejorar los niveles de colesterol y aumentar el ritmo del metabolismo, lo que permite quemar más grasas almacenadas al convertirlas en energía. Para algunas personas, las prisas de la vida diaria no son suficientes para quemar el exceso de grasa de la dieta, por lo que esos excesos se almacenan en el cuerpo como grasa corporal. Cuando se combina el ejercicio con una dieta pobre en grasas, el cuerpo transforma la grasa almacenada en energía.

Recuerde que una dieta saludable no significa una «dieta extrema», sino tomar decisiones para comer lo mejor de todo en sus proporciones adecuadas. Las dietas extremas dan prioridad a un nutriente sobre el resto, privando al cuerpo de algunos de los elementos que necesita.

Por ese motivo, este libro mejora su salud y supone una nueva página.

DIRECTRICES PARA DIETAS

- Disfrute de una gran variedad de alimentos nutritivos, con distintos colores, formas y texturas.
- Coma mucho pan integral y cereales, fruta y verduras (incluidas legumbres).
- Siga una dieta baja en grasas (en especial, en grasas saturadas).
- Haga ejercicio de forma regular.
- Limite la ingesta de alcohol.
- Modere el consumo de azúcar y dulces.
- Use poca sal y elija alimentos con poca sal.
- Consuma alimentos que contengan calcio para tener unos huesos y dientes sanos.
- Tome alimentos que contengan hierro.

Ampliar la despensa

VERDURAS ASIÁTICAS: brécol chino (Gai lan), bok choy (Pak choi), Choy sum

En China se han utilizado las verduras para la cocina y las medicinas desde el siglo v. Las verduras contienen gran variedad de vitaminas y minerales: potasio, calcio, magnesio, betacaroteno, vitamina C, ácido fólico y otras vitaminas B que benefician el sistema inmunológico. Los nutrientes más valiosos se obtienen cuando las verduras se consumen crudas, a la plancha o cocinadas en el microondas.

CUSCÚS

Es un producto bajo en grasa con muchos carbohidratos (fécula) con cantidades considerables de niacina, ácido pantoténico y algo de ácido fólico.

FIDEOS DE ARROZ FRESCOS

Se elaboran de una pasta fina de harina de arroz y se cuecen, con un poco de aceite, antes de envasarlos. Los fideos de arroz frescos se pueden encontrar finos, gruesos o en láminas, que se pueden cortar al tamaño deseado. Contienen poca grasas y carbohidratos de digestión lenta, por lo que no elevan los niveles de azúcar en sangre tanto como el arroz blanco hervido, una buena alternativa al arroz para los diabéticos.

MIJO

No contiene gluten, lo que lo hace apropiado para los celíacos (intolerancia al glu-

ten). Es una buena fuente de potasio, así como de fósforo y sílice, dos minerales buenos para la salud de la piel, las uñas, el pelo y los dientes. Bajo en grasas y rico en carbohidratos. Algunos naturópatas afirman que es más digestivo y provoca menos gases que otros cereales.

MIRIN

Es un vino dulce para cocinar, utilizado en Japón, bajo en alcohol y elaborado a base de arroz glutinoso. Se suele utilizar para adobos, glaseados, marinadas y guisos. Es menos factible que provoque asma y migrañas que el vino tinto cuando se bebe, no para cocinar. El contenido en alcohol se elimina durante la cocción, dejando sólo el sabor.

CEBADA PERLADA

Se trata de un cereal muy saludable que contiene carbohidratos de digestión lenta y fibra soluble, por lo que posee un índice glucémico muy bajo. Consumir este alimento con frecuencia puede ayudar a controlar el nivel de azúcar en sangre en los diabéticos y a reducir el colesterol. Puede sustituir al arroz o mezclarlo a partes iguales. Contiene más magnesio, tiamina y niacina que el arroz y proporciona algo de ácido fólico y selenio. Se ha utilizado tradicionalmente para tratar las infecciones urinarias.

POLENTA

Apropiada para celíacos porque no contiene gluten. También es baja en grasas y sodio. Buena fuente de potasio, vitamina A y betacaroteno, y también de algo de tiamina y magnesio.

SETAS CALABAZA (BOLETOS EDULIS)

También conocidos como porcini o cepes, se utilizan en la cocina francesa e italiana. Se pueden encontrar frescos o secos. Los que se venden secos deben remojarse en agua caliente y escurrirse bien antes de utilizarlos; el líquido sobrante se suele aprovechar para dar sabor a los platos. Estas setas tienen un fuerte sabor muy sustancioso con pocas calorías y grasas. También proporcionan potasio, fósforo y selenio.

FIDEOS SHANGAI

Tienen un color claro, una textura ligera y están ligeramente espolvoreados con harina para evitar que se peguen al cocerse. Tienen menos grasas que los fideos hokkien (de huevo). Estos fideos contienen menos gluten y tienen una textura más suave que los fideos de harina de grano de trigo duro. Proporcionan algo de vitamina A, magnesio y selenio.

La fibra

LA FIBRA ES UNA DE LAS
CELULOSAS Y RESINAS QUE
SE ENCUENTRA EN FRUTAS,
VERDURAS, CEREALES, FRUTOS
SECOS Y LEGUMBRES, AUNQUE
NO EXISTE EN LOS PRODUCTOS
ANIMALES. LA FIBRA ES
IMPORTANTE PARA NUESTRA
SALUD Y ASEGURA UN
FUNCIONAMIENTO DIGESTIVO
ADECUADO.

Existen muchos falsos mitos sobre el consumo y las ventajas de la fibra. A medida que surgió el concepto de «dieta sana» durante las últimas décadas, se pensaba que grandes cantidades de fibra, como el salvado, eran indispensables en la dieta. Algunas de las fibras que se consumían sabían bastante mal y ese quizá sea el motivo por el que la comida sana y vegetariana se ganó una reputación de ser sana pero aburrida y poco apetecible.

En los últimos años, un mayor conocimiento nos ha enseñado que esa percepción estaba equivocada.

La fibra está presente en muchos alimentos distintos que probablemente ya consumimos cada día, por lo que añadir fibra pura, como el salvado, a otros alimentos no es realmente necesario y de hecho puede ser perjudicial ya que inhibe la absorción de minerales, por ejemplo, el hierro. Recuerde que debe comer distintos tipos de alimentos que contengan fibra para aprovechar todas las ventajas que aportan.

SOLUBLE E INDISOLUBLE

La fibra es la parte no digerible de las plantas que se encuentra en la piel, las semillas y hollejos. La fibra alimenticia se suele dividir entre soluble e indisoluble.

La fibra soluble es abundante en las legumbres, la avena, la cebada y la mayoría de las frutas y verduras. Tiene la consistencia de un gel y facilita una digestión más lenta, evitando que los niveles de azúcar en la sangre se eleven demasiado; esto es especialmente importante para los diabéticos. Y, si se toma con regularidad, reduce los niveles de colesterol en la sangre.

La fibra indisoluble se encuentra en la piel de las frutas y las verduras y en el recubrimiento de salvado de los granos de los cereales. Los productos integrales, en especial el trigo y el arroz, las verduras y los frutos secos son buenas fuentes de fibra insoluble, que pasa por el tracto digestivo sin cambiar y ayuda a que la comida se mueva más rápido por el intestino y lo mantiene sano.

FUENTES

Los alimentos que proporcionan fibra soluble e indisoluble son las manzanas, los frutos secos y los productos integrales. Recuerde que es importante que haya fibra tanto soluble como indisoluble en la dieta porque cada tipo tiene una función distinta.

• FIBRA SOLUBLE

La avena, la cebada, las judías, la pectina, el psyllium, la fruta con piel, como las manzanas, los cítricos, la remolacha azucarera, los brotes de soja y de judías, los garbanzos, las lentejas y las algas marinas.

• FIBRA INDISOLUBLE

Los productos de cereales integrales, la fruta seca, la familia de las coles, las legumbres, los cereales, las verduras, las frutas, el salvado de trigo, los tubérculos, como la patata, los colinabos, la calabaza, la pasta y el arroz integral, el bulgar y el trigo sarraceno.

INGESTA DIARIA

Los nutricionistas recomiendan un ingesta de 30-40 g de fibra al día, a pesar de que la mayoría de las personas consume menos de 20 g. Para alcanzar los niveles recomendados de fibra alimenticia de un ración típica de cereales, frutas y verduras, debe consumir al menos 10 o más raciones de alimentos ricos en fibra cada día.

CONSEJOS

- Siempre que sea posible, no pele las frutas y verduras para consumirlas, por ejemplo manzanas y patatas.
- Tome la fruta y verduras enteras en lugar de consumirlas en zumos.
- Elija productos vegetarianos como el pan, los cereales para desayunar, la pasta y el arroz integral.
- Beba mucha agua durante el día para aprovechar todas las ventajas de la fibra (se recomienda beber 8 vasos).
- Sustituya las galletas y tartas entre comidas por fruta (fresca o seca) y verduras.

Los carbohidratos

SON LA PRINCIPAL FUENTE DE ENERGÍA DEL CUERPO Y DEBEN SUPONER EL 50-60 % DE LA DIETA. SU PAPEL ES VITAL, PUES PROPORCIONAN COMBUSTIBLE TANTO A LOS MÚSCULOS COMO AL CEREBRO. SE ENCUENTRAN EN LOS ALIMENTOS EN FORMA DE DISTINTAS FÉCULAS Y AZÚCARES, Y EN CEREALES Y SUS DERIVADOS, ASÍ COMO EN LEGUMBRES, FRUTAS Y VERDURAS CON FÉCULAS.

¿QUÉ SON?

Los carbohidratos están presentes en alimentos como azúcares y féculas, que se reparten como azúcar de glucosa por el cuerpo. Esta glucosa se absorbe en el intestino, pasa a la sangre y llega al cerebro y otros órganos y tejidos. La glucosa se almacena en células, en las que se usa como combustible, o se guarda como glucógeno, en los músculos y el hígado, para usarlo como combustible entre comidas y al hacer ejercicio.

Normalmente se clasifican en tres grupos: azúcares, féculas y fibras. Antes, los carbohidratos se clasificaban en simples o complejos, pero esto sólo describe su estructura física. Más de dos décadas de investigaciones han demostrado que estos términos no son muy precisos y ahora se usan:

CARBOHIDRATOS DISPONIBLES

Se refiere a los azúcares y la mayoría de las féculas que se digieren y absorben en el intestino delgado. Se pueden dividir aún más según la velocidad a la que se digieren, lo que determina la velocidad con la que elevan el nivel de azúcar (glucosa) en la sangre después de comer, ya sean de diges-

tión rápida (velocidad de absorción rápida o índice glucémico alto) o lenta (velocidad de absorción lenta o índice glucémico bajo).

CARBOHIDRATOS NO DISPONIBLES

Son fibras y féculas resistentes que no se digieren ni absorben en el intestino delgado.

ÍNDICE GLUCÉMICO

Los carbohidratos de índice glucémico bajo se digieren más lentamente, por lo que liberan la glucosa en la sangre a una velocidad que asegura que el nivel de azúcar en sangre no suba tanto. Estos carbohidratos de índice bajo son mucho más saludables.

Antes se comían principalmente carbohidratos de índice glucémico bajo, como tubérculos, legumbres, cereales gruesos, pero los avances en el procesamiento de los alimentos y la utilización de harinas muy refinadas comporta que los alimentos con fécula modernos tengan un valor de índice glucémico alto, como los cereales, las tortitas de arroz y el pan blanco. Ahora sabemos que el consumo prolongado de una dieta con un valor de índice glucémico alto puede aumentar el riesgo de sufrir enfermedades coronarias, diabetes y algunos tipos de cáncer. También provoca que el cuerpo almacene más grasa. La Organización Mundial de la Salud recomienda:

- Comer más carbohidratos de índice glucémico bajo
- Que la industria de la alimentación produzca más pan, cereales... con índice glucémico bajo
- Que los valores de índice glucémico aparezcan en la etiqueta de los productos

Los alimentos ricos en carbohidratos con un índice glucémico bajo, en especial aquellos que están menos refinados y contienen más fibra, se digieren a una velocidad relativamente lenta, por lo que mantienen los niveles de azúcar en sangre por encima de los niveles de ayuno durante un período más largo y suelen saciar más que productos similares con un valor de índice glucémico alto. También puede mantenerle más despierto que la misma porción calórica de un alimento con índice glucémico alto.

En el caso del azúcar, los nutricionistas ya no están en contra de consumirla. El azúcar forma parte «natural» o «añadida» de los alimentos y debido a que sabe bien y no tiene muchas calorías por gramo como la grasa, puede ayudar a que las personas cumplan con una dieta baja en grasas, aunque no se debe consumir más de la necesaria. Elija opciones de edulcorantes en lugar de comidas y bebidas dulces menos nutritivas.

La grasa en alimentos sólidos, como galletas y chocolate, puede impedir que saboreemos su contenido en azúcar y que el azúcar se disuelva en las papilas gustativas.

CONSEJOS

- Todos los carbohidratos tienen menos de la mitad de calorías por gramo que la grasa alimenticia.
- La fruta fresca o seca puede ser dulce y tener mucha azúcar, pero también contiene fibra muy valiosa.
- Evite el azúcar procesado, sin valor nutricional, que suele ir acompañado de mucha grasa, como en los tentempiés.

Las grasas

LAS GRASAS SON NUESTRA FUENTE DE ENERGÍA ALIMENTICIA MÁS CONCENTRADA. PROPORCIONAN MÁS DEL DOBLE DE ENERGÍA QUE LOS CARBOHIDRATOS Y LAS PROTEÍNAS. AUNQUE SON MUY IMPORTANTES, NO DEBEMOS CONSUMIR DEMASIADAS.

¿QUÉ HACEN?

Todo el mundo necesita tener cierta cantidad de grasa en su cuerpo para favorecer su crecimiento y desarrollo. Las grasas aportan y mejoran la absorción de vitaminas solubles en grasa como la vitamina A, D, E, K y están relacionadas con la conversión del betacaroteno en vitamina A. Las grasas también suministran los ácidos grasos esenciales necesarios para el cerebro, los nervios, las membranas celulares sanas, muchas hormonas y para proteger los órganos internos.

DISTINTOS TIPOS

Hay tres tipos fundamentales de grasas: saturadas, monoinsaturadas y poliinsaturadas.

- Las grasas saturadas son las responsables de la mala reputación de las grasas. Suelen ser sólidas a temperatura ambiente y derivan sobre todo de fuentes animales, como la carne y los derivados de la leche, pero también se pueden encontrar en los aceites de coco y palma. El cuerpo utiliza las grasas saturadas para principalmente el almacenamiento, aislamiento y calor o energía corporal. Un consumo excesivo de grasas saturadas tiende a aumentar los niveles de colesterol en la sangre y crea depósitos de grasa en las arterias y vasos sanguíneos. Eso puede dar lugar a un endurecimiento de las arterias, a una presión arterial alta y a la formación de coágulos de sangre, lo que aumenta enormemente el riesgo de sufrir enfermedades coronarias e infartos.

Las mejores grasas son las grasas insaturadas, que suelen ser líquidas a temperatura ambiente y se derivan de verduras, frutos secos o semillas. Existen dos tipos de grasas insaturadas:

- Las grasas monoinsaturadas no aumentan los niveles de colesterol. Se encuentran en cantidades importantes en la mayoría de los frutos secos, aceitunas, aceite de oliva, aceite de canola y margarina. Otras fuentes vegetarianas buenas son los aguacates, los garbanzos, los huevos y las semillas de sésamo.

- Las grasas poliinsaturadas se encuentran en frutos secos, cereales y semillas, y suelen ser blandas o líquidas a temperatura ambiente. Son el grupo de grasas más importante ya que constituyen la única fuente de grasas omega-3 y omega-6, que proporcionan ácidos grasos indispensables. Es importante alcanzar la ingesta adecuada de estas grasas, ya que protegen contra las enfermedades cardiovasculares, mejoran la salud de la piel y son necesarias para el funcionamiento normal del sistema nervioso e inmunológico.

La grasa omega-3 se encuentra en gran medida en el atún, el salmón, la caballa y el arenque, por lo que se reco-

mienda tomar pescado dos o más veces cada semana. Las fuentes vegetales son las nueces y algunos aceites vegetales como la soja, la canola, las semillas de mostaza y linaza. El omega-6 se encuentra también en los aceites vegetales como el aceite de cártamo, girasol, sésamo y soja.

El colesterol es otro tipo de grasa. Es una sustancia cerosa que está presente en todos los animales, pero no en las plantas.

Es un elemento esencial para una buena salud y parte de toda célula viviente del cuerpo humano, pero un exceso puede ser dañino. No es necesario obtener colesterol a partir de los alimentos porque el propio cuerpo lo genera para hacer hormonas. También es necesario para el sistema nervioso, y resulta esencial para la descomposición y eliminación de las grasas. Los alimentos vegetarianos que tienen mucho colesterol incluyen las yemas de los huevos y los productos derivados de la leche.

Las investigaciones han demostrado que una ingesta de grasas saturadas alta provoca que el cuerpo produzca más colesterol. Para reducir el nivel de colesterol en la sangre, disminuya el consumo de grasas sa-

turadas y siga una dieta saludable. No aumente el consumo de grasas monoinsaturadas ni poliinsaturadas; emplee cantidades menores de las grasas saturadas de las que tomaría normalmente.

INGESTA DIARIA

Las autoridades sanitarias recomiendan que un máximo del 30 % de nuestra dieta sean grasas, con menos del 10 % de grasas saturadas. Muchas personas consumen cantidades mayores. Los nutricionistas estiman que la mayoría de los habitantes del mundo occidental consume el doble de grasas de las que necesitan. Un hombre medio debe consumir no más de 50-80 g de grasa al día y la mujer no más de 40-60 g.

INGESTA EXCESIVA

Una dieta elevada en grasas, en especial una con una alta ingesta de grasas saturadas, está vinculada a un mayor riesgo de ganar peso, sufrir enfermedades del corazón, alta presión arterial, diabetes y algunos cánceres. La grasa de la dieta es absorbida inmediatamente como grasa corporal y los niveles altos de grasa en el cuerpo aumentan aún más el riesgo de estas enfermedades.

REDUCIR LA INGESTA DE GRASAS

- Consuma alimentos bajos en grasa o sin grasa, aunque eso no significa que pueda comer porciones más grandes.
- Quite la grasa y la piel de la carne.
- Limite la ingesta de productos fritos y grasas ocultas, como galletas, tartas, galletas saladas, chocolate, muesli y barritas energéticas.
- Utilice ingredientes bajos en grasa en sus recetas y cocine con poco aceite. Utilice métodos de cocción con poca grasa, como la cocción al vapor, a la plancha, en el microondas o el asado en parrilla, etc.
- Emplee aliños bajos en grasas, como vinagre o zumo de limón o lima, en lugar de ahogar las comidas en mantequilla, aceite o aliños grasientos. Reduzca la cantidad de mantequilla o margarina que extiende sobre el pan o sustitúyala por mostaza o una mayonesa ligera.
- Acostúmbrese a leer las etiquetas de los productos para elegir los que son más bajos en grasas.

Las proteínas

APORTAN LA ESTRUCTURA
BÁSICA DEL CUERPO HUMANO;
SON EL PRINCIPAL COMPONENTE
DE CÉLULAS, TEJIDOS, MÚSCULOS,
UÑAS, PELO, PIEL, HUESOS,
SANGRE Y ÓRGANOS INTERNOS.
NECESITAMOS PROTEÍNAS PARA
CREAR Y REPARAR CÉLULAS Y
TEJIDOS Y GENERAR HORMONAS,
ENZIMAS, ANTICUERPOS
Y NEUROTRANSMISORES
(MENSAJEROS DE LOS NERVIOS),
ASÍ COMO PARA REGULAR EL
ESTADO INTERIOR DEL CUERPO,
INCLUIDO EL EQUILIBRIO DE
FLUIDOS CORPORALES.

¿QUÉ SON
LAS PROTEÍNAS?

Las proteínas son moléculas grandes compuestas por pequeños componentes conocidos como aminoácidos. Distintas proteínas están formadas por cadenas de aminoácidos en diversas combinaciones y longitudes. Existen más de 20 aminoácidos distintos que se combinan de innumerables formas.

De los 20 aminoácidos distintos, hay 8 que el cuerpo de un adulto no puede crear y deben consumirse a través de la comida. Son los llamados aminoácidos «esenciales». Los otros 12 aminoácidos se conocen como «no esenciales», aunque no debido a que son menos importantes, sino porque el cuerpo humano los puede producir por sí mismo.

FUENTES

Las proteínas de animales, como la carne, las aves, los huevos, el pescado, los mariscos y los productos procedentes de la leche, contienen todos los aminoácidos, incluidos los esenciales, para cubrir las necesidades del cuerpo. Por este motivo, se conocen como proteínas «completas» o proteínas de «alto valor biológico».

Los alimentos procedentes de plantas, como cereales, verduras, frutos secos y legumbres, suelen contener cantidades menores de proteínas, y carecen de uno o más de los aminoácidos esenciales. Por eso, se llaman proteínas «incompletas» o de «bajo valor biológico». Sin embargo, los vegetarianos y vegetarianos estrictos pueden obtener las cantidades correctas de proteínas y todos los aminoácidos esenciales consumiendo una mezcla de alimentos ricos en proteínas cada día. Al combinar productos elaborados con cereales (pan, pasta, trigo sarraceno, arroz, cebada y bulgur) con huevos, legumbres (leche de soja o brotes de soja, lentejas y garbanzos) o los productos derivados de la leche (leche, queso, yogur) o quizá legumbres con frutos secos o semillas (semillas de girasol o de sésamo) o productos lácteos, pueden obtener todos los aminoácidos esenciales que necesitan.

VENTAJAS

A diferencia de la carne, los alimentos procedentes de plantas proporcionan proteínas junto con fibra y carbohidratos, lo que supone más ventajas para la salud.

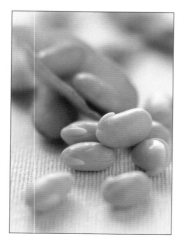

Las proteínas animales contienen hierro y zinc. El hierro es un mineral que se encuentra en todas las células del cuerpo y es vital para una buena salud y para el bienestar mental y físico. Es necesario para transportar el oxígeno por el cuerpo. Sin hierro, sería difícil concentrarse, recordar cosas y aprender; también nos sentiríamos cansados e irritables. Asimismo, es necesario para luchar contra las infecciones y producir energía a partir de los alimentos.

El zinc es esencial para el funcionamiento de más de 300 enzimas y está relacionado con gran variedad de funciones vitales como el sistema inmunológico, el funcionamiento del cerebro, el crecimiento y reparación de los tejidos, la visión nocturna y la reproducción y el desarrollo.

INGESTA DIARIA

Las necesidades diarias de proteínas son aproximadamente un 12-15 % del total de las calorías ingeridas, dependiendo de la estatura, peso, estrés y actividad, y estado de salud del individuo. Durante el crecimiento son necesarias proteínas adicionales: en la niñez, adolescencia, embarazo y lactancia.

DEFICIENCIAS

Una falta de proteínas en la dieta puede dar lugar a anemia, aletargamiento, debilidad y deterioro de los músculos, cabello seco y apagado, piel seca, mala curación de las heridas, uñas débiles, arranques de mal humor, baja inmunidad a las infecciones y, en los casos graves, a amenorrea (ausencia de la menstruación).

Los niños con deficiencias proteínicas no pueden alcanzar su pleno crecimiento. Los casos extremos de deficiencia de proteínas en los niños puede dar lugar a enfermedades mortales, como la kwashiorkor.

Sin embargo, los habitantes de los países occidentales, incluidos los vegetarianos y los atletas, suelen consumir más proteínas de las que necesitan, por lo que la falta de proteínas es poco común. De hecho, en la mayoría de las dietas occidentales, hay más posibilidades de consumir un exceso de proteínas que de lo contrario.

INGESTA EXCESIVA

El consumo excesivo de proteínas puede dar lugar a un desequilibrio de los fluidos, con síntomas como la diarrea, la hinchazón de los tejidos y la necesidad de orinar con frecuencia, lo que puede causar deshidratación. Ello puede ser peligroso para los niños, ya que el exceso de nitrógeno resultante del metabolismo de las proteínas puede dañar los riñones. Una ingesta alta en proteínas también puede aumentar la ingesta de grasa y el nivel de colesterol en la sangre, y aumentar la absorción de calcio por el cuerpo.

CONSEJOS SOBRE INGESTA DIARIA DE PROTEÍNAS

proteínas/ kg de peso/ día

Niños 0-6 meses	2,0 g
Lactantes con biberón	
7-12 meses	1,6 g
Niños 4-18 años	1,0 g
Adultos	0,75 g
Embarazadas	+ 6,0 g
Mujeres lactantes	+ 16,0 g

El calcio

EL CALCIO ES UN NUTRIENTE IMPORTANTE PARA MANTENER UNOS HUESOS Y DIENTES SANOS Y FUERTES. NUESTRO ESQUELETO ES TEJIDO VIVO EN EL QUE EL CALCIO SE ALMACENA Y ELIMINA CADA DÍA; ES LO QUE SE CONOCE COMO «REMODELACIÓN». DEBIDO A ESTE PROCESO DE ELIMINACIÓN CONTINUO, LAS AUTORIDADES SANITARIAS RECOMIENDAN CONSUMIR ALIMENTOS RICOS EN CALCIO CADA DÍA PARA REPONER LOS HUESOS. LOS PRODUCTOS DERIVADOS DE LA LECHE SON UNA FUENTE RICA EN CALCIO, PUES SUMINISTRAN APROXIMADAMENTE EL 70 % DE LAS NECESIDADES DIARIAS DE CALCIO. EL OTRO 30 % SE OBTIENE PRINCIPALMENTE DE LOS CEREALES, LAS VERDURAS Y EL SALMÓN EN LATA (CON ESPINAS).

INGESTA DIARIA RECOMENDADA DE CALCIO

	mg de calcio al día
Niños 0-1 año	300-550 mg
Niños 1-7 años	700-800 mg
Niñas 8-11 años/12-15 años/16-18 años	900/ 1.000/ 800 g
Niños 8-11 años/12-15 años/16-18 años	800/ 1.200/ 1.000 g
Hombres 19-64+ años	800 mg
Mujeres 19-54 años	800 mg
Embarazadas	1.100 mg
Mujeres en período de lactancia	1.200 mg
Mujeres después de la menopausia o mujeres jóvenes con amenorrea	1.000 mg

Fuente: ingesta diaria recomendada por el NHMRC de Australia en 1991.

FUENTES

La leche y otros productos derivados de la misma, como el queso y el yogur, son las fuentes más ricas de calcio. Sólo tres porciones de productos derivados de la leche al día proporcionan todo el calcio que la mayoría de las personas necesita. Una porción son 250 ml (1 tazón) de leche, 200 g de yogur o 35 g de queso duro. Existe una gran variedad de productos derivados de la leche para todos los gustos, y variedades bajas en grasa para quienes intentan reducir las grasas y el colesterol. Otras fuentes de calcio incluyen la leche de soja enriquecida con calcio y el tofu, además del pescado, como el salmón o las sardinas en lata que se comen

con las espinas, algunas verduras, como el brécol y la col china o *wong bok*, los higos secos, las espinacas, los boniatos y los cereales.

Sin embargo, el calcio de los derivados de la leche se absorbe con más rapidez que el de los cereales o las verduras. La absorción de calcio mejora con el azúcar de leche (lactosa) y se ve reducida por los compuestos de cereales y verduras (tanino, fibra, oxalato).

VENTAJAS

El calcio es el mineral más abundante en el cuerpo humano. Más del 99 % del calcio del cuerpo se encuentra en los huesos y dientes, donde es más necesario, junto con el fósforo y la vitamina D, para mantener estos tejidos sanos y fuertes. El 1 % restante está en la sangre y los fluidos corporales, donde ejerce una función importante para regular las funciones de los nervios y los músculos, la presión sanguínea y el pulso, la liberación de hormonas y la coagulación normal de la sangre.

DEFICIENCIAS

El calcio se elimina o se devuelve a los huesos de acuerdo con la necesidad del mismo

CONTENIDO EN CALCIO MEDIO DE LOS ALIMENTOS MÁS FRECUENTES

Cantidad	Calcio (mg)
200 g de yogur desnatado	420
200 g de yogur natural	340
250 ml (1 tazón) de leche desnatada	310
100 g de salmón en lata con espinas	300
250 ml (1 taza) de leche entera	285
35 g de queso cheddar bajo en grasa	282
35 g de queso cheddar normal	271
350 g de espinacas cocidas	170
100 g de requesón bajo en grasa	77
30 g de almendras con piel	75
50 g de muesli natural	52
100 g de cereales de tres tipos	43
100 g de brécol	29
30 g (1 rebanada) de pan blanco o integral	15

en otras partes del cuerpo. Si los huesos no reciben suficiente calcio, a medida que se envejece, se vuelven porosos y frágiles y se pueden romper más fácilmente; es lo que se conoce como osteoporosis. A medida que se desarrolla, el recubrimiento externo de los huesos adelgaza y se debilita y en la estructura interna aparecen agujeros grandes. La osteoporosis afecta a hombres y mujeres de más de 60 años. Sin embargo, es más frecuente en las mujeres, ya que el descenso de estrógenos que acompaña a la menopausia puede dar lugar a una pérdida importante de la masa ósea.

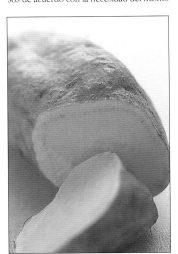

El azúcar

EL AZÚCAR, COMO LA FÉCULA, ES UN CARBOHIDRATO QUE SIRVE COMO FUENTE DE ENERGÍA PRINCIPAL. IGUAL QUE LA SAL, SE ENCUENTRA EN LOS ALIMENTOS NATURALES (INTRÍNSECA O AZÚCAR NATURAL) O SE PUEDE AÑADIR A LOS MISMOS (EXTRÍNSECA O AZÚCAR REFINADO). APORTAR SABOR ES SÓLO UNA DE LAS FUNCIONES IMPORTANTES DEL AZÚCAR. TAMBIÉN SE UTILIZA COMO CONSERVANTE, AÑADE TEXTURA Y COLOR (A LOS ALIMENTOS HORNEADOS Y PRODUCTOS DERIVADOS DE LA LECHE) Y ES UNA FUENTE DE ENERGÍA PARA LA LEVADURA QUE HACE LEVAR EL PAN. TAMBIÉN AYUDA A EQUILIBRAR LA ACIDEZ DE LAS SALSAS DE TOMATE Y LOS ALIÑOS.

DISTINTOS TIPOS

Existen muchos tipos de azúcar, algunos consisten en dos unidades de azúcar unidas (disacáridos) y otras tienen una molécula de azúcar (monosacáridos). Las distintas variedades incluyen:

La glucosa es un monosacárido que se encuentra de forma natural en frutas y verduras, pero que con frecuencia forma parte de un disacárido (a menudo sacarosa) o fécula.

La fructosa es un monosacárido que sabe más dulce que la glucosa. Está presente de forma natural en frutas y verduras y supone más de la mitad del azúcar de la miel.

La galactosa se encuentra principalmente como componente de la lactosa (el azúcar de la leche) y es poco común como monosacárido en los alimentos.

La sacarosa (azúcar de mesa refinado blanco) es un disacárido de glucosa con fructosa. Se encuentra en la caña de azúcar, remolacha azucarera, miel y jarabe de arce, y es la forma más utilizada de azúcar que se añade a los alimentos y se usa para cocinar. Es un 99 % de sacarosa pura.

La maltosa es un disacárido y se crea cuando la fécula se rompe.

La lactosa (o el azúcar de la leche) es un disacárido (glucosa con galactosa). Es el único azúcar que se encuentra de forma natural en los alimentos procedentes de animales y aporta aproximadamente un 30 % de las calorías de la leche de vaca entera y un 40 % de la leche materna.

En contra de lo que se cree, hay poca diferencia entre estos azúcares. Durante la digestión, todos los azúcares y las féculas se descomponen en glucosa y fructosa (excepto la lactosa, que se descompone en galactosa y glucosa). La glucosa y la fructosa son lo bastante pequeñas para absorberlas a través del intestino delgado hacia el flujo sanguíneo y luego pasar a las células del cuerpo para utilizarlas enseguida como energía o almacenarlas como glucógeno (en los músculos o el hígado) a fin de descomponerlas más tarde como combustible.

INGESTA DIARIA

Como parte de una dieta sana y equilibrada, puede disfrutar del azúcar con moderación. No hay una cantidad diaria recomendada, pero el azúcar de mesa y los alimentos «basura» que contienen azúcar añadida y pocas vitaminas y minerales siguen estando en la cima de la pirámide alimentaria y sólo se deben consumir de vez en cuando.

¿ES MALO EL AZÚCAR?

Las afirmaciones sobre los efectos del azúcar contra la salud han demostrado ser mitos. Las investigaciones han comprobado

que el azúcar no causa obesidad, hipoglu-
cemia o hiperactividad, y es sólo uno de los
factores que daña la dentadura.

Tanto los azúcares como las féculas pueden contribuir a una mala dentadura. Los
alimentos que se pegan a los dientes como
chicles, frutos secos, pan o alimentos que
tardan mucho en masticarse o beberse son
algunos de los más nocivos. Cuando más
prolongado sea el contacto de los dientes
con estos alimentos, mayor será el riesgo
de deterioro de la dentadura.

Consumir azúcar no provocará necesa-
riamente que se gane peso, lo que es el
resultado de consumir más calorías de las
necesarias a lo largo de un período de
tiempo. Las grasas contienen más calorías por gramo que el azúcar, por lo que
es más probable que consuma un exceso de calorías en alimentos con mucha
grasa que con mucho azúcar. Los alimentos
como los dulces, el chocolate, el helado y
las galletas suelen considerarse productos
azucarados, pero la mayoría de las calorías provienen de la grasa. Estudios re-
cientes han demostrado que las personas
que consumen más grasa y poco azúcar son
más propensas al sobrepeso que las que
consumen menos grasas pero más azúcar.
Sin embargo, esto no significa que pueda
comer todo el azúcar que quiera y no ganar peso.

SUSTITUTOS DEL AZÚCAR

La industria de la alimentación ahora utiliza
muchas sustancias de sabor dulce en lugar
de azúcar para elaborar alimentos sin
azúcar; por ejemplo, el alcohol de azúcar
(sorbitol, manitol, xilitol, maltitol, jarabe de
maltitol, lactitol), isomalta e hidrolizados
de fécula hidrogenerados.

Los alcoholes de azúcar se utilizan para
endulzar productos «light», ya que no se
absorben completamente y por lo tanto
aportan menos calorías que el azúcar normal.
Suelen encontrarse en mermeladas, manzanas y otros alimentos o se pueden producir
de forma artificial a partir de carbohidratos
como la sacarosa, la glucosa y la fécula.

Los alcoholes de azúcar también dan vo-
lumen y textura a los alimentos, proporcionan un efecto refrescante, dejan un sabor
agradable en la boca y ayudan a retener la
humedad de los alimentos. Cuando se consumen en grandes cantidades pueden tener un efecto laxante.

La sucralosa es el único endulzante bajo
en calorías que se fabrica a partir de azúcar
(sacarosa) y el cuerpo no lo puede digerir
ni absorber. Endulza 600 veces más que el
azúcar, por lo que se puede utilizar en cantidades mínimas. Se usa en bebidas, reposte-
ría, helados, productos derivados de la leche
y productos de confitería. Los alimentos que

contienen sucralosa pueden ser consumidos
por cualquier adulto o niño con diabetes,
en las cantidades apropiadas.

También existen edulcorantes artificiales:
El aspartamo es un edulcorante añadido
y se utiliza en los cereales para el desayuno,
refrescos y postres. Realza el sabor de la
fruta, ahorra calorías y no daña los dientes.
La sacarina sólo se vende como un edulcorante añadido. Fue el primer edulcorante bajo en calorías que se desarrolló y se
ha utilizado para endulzar comidas durante más de 40 años. Endulza 300 veces más
que el azúcar pero deja un regusto un poco
amargo.

Muesli de cereales tostados

TIEMPO DE PREPARACIÓN: 5 minutos

TIEMPO DE COCCIÓN: 20 minutos

Para 4 personas

125 g de copos de avena
3 cucharadas de almendras fileteadas
3 cucharadas de avellanas, picadas grandes
3 cucharadas de coco rallado
30 g de germen de trigo
2 cucharadas de semillas de sésamo
3 cucharadas de pipas de girasol
3 cucharadas de azúcar moreno

1 Coloque los copos de avena, las almendras y las avellanas en una sartén de fondo grueso a fuego lento. Tuéstelos durante 4-5 minutos, removiendo constantemente, o hasta que la mezcla empiece a oscurecerse.

2 Añada el coco, el germen de trigo y las semillas de sésamo y pipas de girasol a la sartén. Mezcle durante 8-10 minutos o hasta que tengan un aspecto dorado. Añada el azúcar moreno y remueva durante 2-3 minutos más. Retire del fuego y deje que se enfríe completamente antes de guardar el muesli en un recipiente hermético. Sirva con leche fría.

Pique las avellanas en trozos grandes con un cuchillo afilado.

Mezcle los copos de avena y los frutos secos hasta que se empiecen a dorar.

Añada el coco, el germen de trigo, las semillas de sésamo y las pipas.

Tortitas de alforfón

TIEMPO DE PREPARACIÓN: 10 minutos

TIEMPO DE COCCIÓN: 25 minutos

Para 4 personas

Salsa de frambuesas

60 g de azúcar

2 cucharaditas de zumo de limón

250 g de frambuesas

40 g de harina de alforfón (trigo sarraceno)

100 g de harina integral

1 ½ cucharaditas de levadura en polvo

25 g de copos de avena

1 yema de huevo

375 ml de suero de leche

3 claras de huevo

frambuesas para decorar

1 Para la salsa de frambuesas, ponga en un cazo el azúcar, el zumo de limón y 60 ml de agua y lleve a ebullición a fuego medio. Añada las frambuesas y deje cocer a fuego lento durante 3 minutos. Deje enfriar. Para obtener una salsa más homogénea, pásela por el robot durante 10 segundos; si la prefiere con trocitos de fruta, aplástela un poco con un tenedor.

2 Tamice las harinas en un cuenco y devuelva la cascarilla al cuenco. Añada la levadura en polvo y los copos de avena, y mezcle. Haga un hueco en el centro. Mezcle la yema de huevo con el suero de leche y añádala a los ingredientes secos de inmediato. Remueva hasta obtener una masa homogénea. Bata las claras de huevo a punto de nieve e incorpórelas a la masa.

3 Caliente una sartén antiadherente y pincele el fondo con un poco de mantequilla. Vierta 60 ml de la masa y forme un círculo de 10 cm. Cueza a fuego medio-alto de 1-2 minutos o hasta que salgan burbujitas en la superficie. Dé la vuelta y cueza la otra cara de 1-2 minutos más o hasta que esté dorada. Pase a una fuente y reserve al calor. Repita hasta obtener 8 tortitas en total. Sirva con la salsa de frambuesas

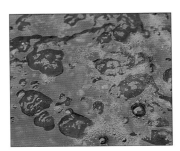

Añada las frambuesas al azúcar, el zumo de limón y el agua.

Cueza las tortitas por una cara hasta que salgan burbujitas en la superficie.

Huevos revueltos ligeros con setas asadas

TIEMPO DE PREPARACIÓN: 10 minutos

TIEMPO DE COCCIÓN: 15 minutos

Para 2 personas

4 claras de huevo

8 huevos

2 cucharadas de leche desnatada

2 cucharadas de salsa Worcester

2 dientes de ajo pequeños, picados

2 cucharaditas de aceite de oliva

12 champiñones castaña

2 cucharadas de perejil picado

1 Bata ligeramente las claras de huevo en un cuenco grande. Añada los huevos enteros y la leche, y bata hasta que estén bien mezclados. Sazone ligeramente con sal y pimienta negra molida fresca.

2 Mezcle la salsa Worcester, el ajo, el aceite de oliva y un poco de pimienta negra recién molida. Pincele con esta mezcla las setas y áselas a la parrilla o bajo el grill a temperatura media de 5-7 minutos o hasta que estén cocidas. Retírelas del fuego y manténgalas al calor.

3 Caliente una sartén antiadherente y añada la mezcla de huevos, removiéndolos con cuidado con una espátula de plástico plana para que se cuezan uniformemente hasta que hayan cuajado.

4 En el momento de servir, divida los huevos y las setas en cuatro platos. Espolvoree los huevos con el perejil picado y sirva de inmediato.

Bata las claras de huevo ligeramente.

Pincele las setas con la salsa y áselas a la parrilla.

Remueva los huevos con una espátula hasta que estén cocidos.

Ricotta al horno con pimiento rojo y pesto

TIEMPO DE PREPARACIÓN: 10 minutos
TIEMPO DE COCCIÓN: 45 minutos
Para 6 personas

1 pimiento rojo grande, cortado en cuartos
  y sin semillas
750 g de queso ricotta o requesón bajo en grasa
1 huevo
6 rebanadas de pan integral

Pesto
2 cucharadas de piñones
100 g de albahaca
2 dientes de ajo
2 cucharadas de aceite de oliva de calidad
2 cucharadas de queso parmesano finamente
  rallado

1 Ase el pimiento, con la piel hacia arriba,
bajo el grill caliente de 5-6 minutos
o hasta que la piel se chamusque y
aparezcan ampollas. Póngalo en un
cuenco y tápelo con película de plástico
hasta que se enfríe lo suficiente para
poder manipularlo con las manos. Pélelo y corte
la carne en tiras de 2 cm de anchura.

2 Para el pesto, ponga los piñones, la albahaca
y el ajo en un robot y tritúrelos 15 segundos
o hasta que estén bien picados. Con el
robot en marcha, añada el aceite en forma
de chorrito continuo y sazone con sal y
pimienta negra recién molida. Incorpore
el queso parmesano.

3 Precaliente el horno a 180 °C. Engrase 6 moldes
para *muffin* grandes, o molde individuales.

4 Mezcle bien la ricotta y el huevo. Sazone con sal
y pimienta negra recién molida. Divida las tiras de
pimiento en los moldes, ponga encima 2 cucharaditas
de pesto y con un cuchara reparta la mezcla de ricotta.

5 Hornee durante 35-40 minutos o hasta que
la ricotta esté firme y dorada. Déjela enfriar en
el molde. Tueste las rebanadas de pan y córtelas
en tiras. Sírvalas con la ricotta y el resto del
pesto para acompañar.

*Ase el pimiento hasta que la piel
esté chamuscada. Pele luego la carne.*

*Cubra las tiras de pimiento
con 2 cucharaditas de pesto.*

*Hornee los pastelitos de ricotta
hasta que estén firmes y dorados.*

Ensalada de frutas en infusión de jengibre y hierba limonera

TIEMPO DE PREPARACIÓN: 20 minutos

TIEMPO DE COCCIÓN: 10 minutos

Para 4 personas

60 g de azúcar lustre

un trozo de 2 x 2 cm de jengibre fresco, en rodajas finas

1 tallo de hierba limonera, aplastado y cortado por la mitad

1 fruta de la pasión grande

1 papaya roja (600 g)

½ melón verde (800 g)

1 mango grande (500 g)

1 piña pequeña (1 kg)

12 lichis frescos

15 g de menta, troceada

1 Ponga el azúcar, el jengibre y la hierba limonera en un cazo pequeño, añada 125 ml de agua y remueva a fuego lento hasta que el azúcar se disuelva. Hierva durante 5 minutos o hasta que el almíbar se reduzca a 80 ml; déjelo enfriar. Cuele el almíbar y añádale la pulpa de la fruta de la pasión.

2 Pele y quite las semillas de la papaya y el melón. Corte la carne en dados de 4 cm. Pele el mango y córtelo en dados, desechando el hueso. Pele, corte por la mitad y quite el corazón fibroso de la piña y divídala en dados. Pele los lichis, haga un corte en la carne y quite el hueso.

3 Coloque la fruta en un cuenco de servicio grande. Vierta el almíbar por encima o sírvalo aparte, si lo prefiere. Decore con la menta troceada.

Mezcle la fruta de la pasión con el almíbar de jengibre y hierba limonera.

Pele la papaya y quite las semillas con una cuchara.

Pele los lichis, corte la carne y retire el hueso.

Magdalenas de frutas

TIEMPO DE PREPARACIÓN: 15 minutos

+ 5 minutos de remojo

TIEMPO DE COCCIÓN: 20 minutos

Para 12 personas

180 g de frutas secas variadas picadas
  (albaricoques, dátiles, melocotones)
225 g de harina integral con levadura
  incorporada
1 cucharadita de levadura en polvo
150 g de salvado de avena, sin procesar
60 g de azúcar moreno
300 ml de leche desnatada
1 huevo
1 cucharada de aceite

1 Precaliente el horno a 180 °C. Engrase 12 moldes de magdalena de 125 ml. Ponga la fruta a remojar en un cuenco con 60 ml de agua hirviendo durante 5 minutos.

2 Tamice la harina y la levadura sobre un cuenco y devuelva las cascarillas al cuenco. Incorpore el salvado de avena y el azúcar y haga un hueco en el centro.

3 Mezcle la leche, el huevo y el aceite en una jarra. Añada la fruta y la mezcla de leche a los ingredientes secos. Mezcle poco a poco con una cuchara de metal o hasta que se hayan mezclado casi por completo.

4 Divida la masa en los moldes. Hornee 20 minutos o hasta que las magdalenas estén doradas y hayan subido. Si las pincha con una aguja, debe salir limpia. Déjelas enfriar unos minutos en el molde y desmóldelas sobre una rejilla. Sírvalas calientes o a temperatura ambiente.

Remoje las frutas secas con agua hirviendo hasta que estén tiernas.

Añada la fruta y la mezcla de leche a los ingredientes secos.

Divida la masa en los moldes engrasados.

Tortilla de espárragos, salmón ahumado y eneldo

TIEMPO DE PREPARACIÓN: 10 minutos

TIEMPO DE COCCIÓN: 10 minutos

Para 2 personas

6 claras de huevo

6 huevos

2 cucharadas de queso ricotta o requesón bajo en grasa

2 cucharadas de eneldo picado

420 g de espárragos frescos, cortados en trozos de 5 cm

100 g de salmón ahumado, cortado en tiras finas

limón a gajos, para decorar

ramitas de eneldo, para decorar

1 Bata las claras de huevo hasta que espumeen. Bata en otro cuenco los huevos enteros y el queso ricotta o requesón hasta que estén mezclados. Añada las claras, sazone e incorpore el eneldo.

2 Ponga a hervir agua con un poco de sal en una cacerola. Añada los espárragos y cuézalos de 1-2 minutos o hasta que estén tiernos pero firmes. Escúrralos y refrésquelos con agua helada.

3 Caliente una sartén antiadherente de 24 cm a fuego lento. Rocíe el fondo con un vaporizador de aceite. Vierta la mitad de la mezcla de huevo. Ponga la mitad de los espárragos encima. Cueza a fuego medio hasta que el huevo se cuaje. Doble por la mitad. Pase a una fuente de servicio. Repita la operación con el resto de la mezcla.

4 En el momento de servir, ponga encima el salmón ahumado y decore con el limón y una ramita de eneldo.

Bata las claras hasta que estén espumosas.

Refresque los espárragos en un cuenco con agua helada para parar la cocción.

Coloque la mitad de los espárragos sobre la tortilla.

Picar entre horas

ESTOS TENTEMPIÉS SON
UNA MEZCLA DE SABORES
MEDITERRÁNEOS Y ASIÁTICOS,
ADECUADOS PARA CUALQUIER
REUNIÓN SOCIAL. DESDE
UNA CENA HASTA UN
CÓCTEL, ESTAS DELICIAS
SATISFARÁN LOS GUSTOS
MÁS EXIGENTES.

BRUSCHETTA

Mezcle 4 tomates pera picados, 2 cucharadas
de aceite de oliva, 1 cucharada de vinagre
balsámico y 2 cucharadas de perejil picado.
Sazone bien. Tueste 8 rebanadas de pan de
barra (del día anterior si es posible) por un
lado. Frote un ajo pelado por el lado tostado.
Ponga encima el tomate y decore con un
poco de perejil picado. Sirva de inmediato.
Para 8 porciones.

SETAS RELLENAS DE CUSCÚS ESPECIADO

Pele y corte los pies de 8 champiñones
y ase el interior de los sombreros.
Coloque 90 g de cuscús instantáneo,
1 cucharada de aceite de oliva virgen
extra, 1 cucharadita de comino molido,
¼ de cucharadita de pimienta de Cayena
y 2 cucharaditas de cáscara de limón rallada
fina en un cuenco. Sazone. Mezcle con el
cuscús. Incorpore 125 ml de caldo de pollo
hirviendo, remueva y tape. Deje reposar
5 minutos y airee los granos con un tenedor.
Incorpore 1 tomate picado, 1 cucharada
de zumo de limón, 2 cucharadas de perejil
fresco picado y 2 cucharadas de menta
picada. Rellene los sombreros de las setas
con cuscús y presione con firmeza. Gratine
el cuscús hasta que esté dorado. Sirva frío
o caliente. Para 8 porciones.

PITTA DE CORDERO CON PURÉ DE AJO Y GARBANZOS

Adobe 4 filetes de cordero pulidos
de grasa con 1 cucharada de zumo de limón,
1 cucharadita de comino molido, 1 cucharada
de aceite de oliva, sal y pimienta. Precaliente
el horno a 210 °C. Envuelva un bulbo
de ajo en papel de aluminio y áselo
durante 20 minutos o hasta que esté tierno.
Déjelo enfriar y exprima la pulpa de cada
diente de ajo. Haga un puré con el ajo,
100 g de garbanzos enlatados escurridos,
2 cucharaditas de zumo de limón y
1 cucharada de yogur desnatado en el robot.
Añada un poco de agua para obtener una
consistencia que se pueda untar. Sazone.
Ase a la plancha o a la barbacoa la carne
3 minutos por lado. Tueste cuatro panes
pitta turcos de 100 g. Córtelos por la mitad

y úntelos con la salsa. Ponga encima carne, tomate y hojas de roqueta. Para 4 porciones.

ROLLITOS DE PAPEL DE ARROZ

Mezcle 100 g de tofu firme cortado en dados pequeños, 50 g de zanahoria picada, 50 g de pepino rallado, 50 g de rábano blanco rallado, 50 g de brotes de soja, 50 g de tirabeques, 1 cucharada de cebollino, otra de ajo tierno picado y 1 cucharada de menta. Ponga a remojar 60 g de fideos de arroz fino en agua hirviendo hasta que se ablanden, escúrralos bien, córtelos en trozos de 5 cm y añádalos a las hortalizas. Mezcle 1 cucharada de salsa de chile dulce, 2 cucharaditas de zumo de lima y 2 cucharaditas de salsa de soja y sazone las verduras. Sumerja 8 láminas de papel de arroz redondo (una cada vez) en agua caliente hasta que estén blandas. Escúrralas bien. Colóquelas sobre una superficie seca o un paño. Ponga 2 cucharadas de las verduras y los fideos encima, repartiéndolos uniformemente hacia

el centro. Doble la parte delantera sobre el relleno, y enrolle, doblando hacia dentro. Repita la operación con el resto. Sirva una salsa compuesta de 1 cucharada de salsa de pescado, 2 cucharaditas de azúcar de palma, 1 cucharada de zumo de lima, 1 chile rojo finamente picado y 2 cucharaditas de hierba limonera picada (sólo la parte blanca). Para 4 personas.

PEPITAS DE POLLO HORNEADAS CON SALSA DE MIEL Y MOSTAZA

Precaliente el horno a 200 °C. Triture 45 g de copos de maíz en un robot para obtener unas migas finas. Corte 400 g de filetes de pechuga de pollo en trozos pequeños. Enharínelos con harina sazonada y mójelos después en claras de huevo un poco batidas. Reboce los trozos en las migas. Rocíe una placa para hornear con un poco de aceite

y ponga las pepitas de pollo encima. Hornee de 10-12 minutos. Mezcle 1 ½ cucharadas de miel y 2 cucharadas de mostaza de Dijon y sirva esta salsa con el pollo. Para 4 personas.

ROLLITOS DE POLLO Y *TZATZIKI*

Para el *tzatziki*, quite las semillas y ralle ½ pepino largo sobre un cuenco, espolvoree con ½ cucharadita de sal. Deje reposar 10 minutos. Escurra, mezcle con 100 g de yogur natural desnatado, ¼ de cucharadita de zumo de limón y 1 cucharada de menta picada. Sazone. Aplane 4 filetes de muslo de pollo desgrasados y pelados, sazone y espolvoree con pimentón picante. Ase al grill de 5-7 minutos por lado. Coloque una hoja grande de lechuga sobre un pan plano, y reparta ¼ del *tzatziki*. Ponga encima el pollo en tiras. Enrolle dejando un lado cerrado. Repita la operación con el resto. Para 4 porciones.

Ensalada César ligera de pollo

TIEMPO DE PREPARACIÓN: 25 minutos

TIEMPO DE COCCIÓN: 35 minutos

Para 4 personas

100 g de pan blanco en rebanadas finas,
  sin corteza
8 lonchas de bacon magro, sin piel (unos 90 g)
500 g de filetes de pechuga de pollo
¾ de cucharadita de sal de ajo
1 lechuga romana (reserve unas hojas y corte
  el resto en trozos pequeños)
2 cucharadas de queso parmesano recién
  rallado
4 anchoas, escurridas y picadas

Salsa

2 dientes de ajo, picados
2 cucharaditas de salsa Worcester
1 cucharada de mostaza de Dijon
1 ½ cucharadas de zumo de limón
2 anchoas, escurridas y picadas
2 cucharadas de aceite de oliva
½ cucharadita de azúcar lustre
salsa tabasco, al gusto

1 Precaliente el horno a 180 °C. Corte las rebanadas de pan en dados de 1,5 cm y repártalos en la placa para hornear. Hornee de 12-15 minutos o hasta que estén tostados. Déjelos enfriar.

2 Corte el bacon en tiras de 5 mm y hornéelas en una placa cubierta con papel de aluminio de 10-12 minutos o hasta que se doren. Escúrralas y déjelas enfriar.

3 Corte la pechuga de pollo por la mitad a lo largo para formar dos pequeños filetitos. Espolvoree el pollo con la sal de ajo, presionando firmemente contra la carne. Ase bajo el grill a temperatura alta de 3-4 minutos por lado o hasta que esté cocido. Retire del fuego y deje enfriar un poco.

4 Para la salsa, bata todos los ingredientes hasta que estén bien mezclados.

5 Coloque las hojas de lechuga reservadas en cuencos individuales, divida las hojas partidas entre ellos. Corte la pechuga de pollo en diagonal y póngala sobre la lechuga. Vierta la salsa sobre el pollo, reparta el pan y el bacon por encima. Espolvoree con el queso parmesano y decore con las anchoas.

Hornee el pan a temperatura moderada hasta que esté dorado.

Corte la pechuga de pollo por la mitad en longitudinal con un cuchillo afilado.

Bata los ingredientes de la salsa hasta que estén bien mezclados.

Hamburguesas de cordero con barquitas de patata

TIEMPO DE PREPARACIÓN: 30 minutos
TIEMPO DE COCCIÓN: 1 hora
Para 4 personas

1 pimiento rojo
1 pimiento amarillo
1 pimiento verde
400 g de patatas para asar (Red Pontiac o Desirée)
aceite de ajo en vaporizador
300 g de cordero picado magro
2 cucharaditas de tomillo picado
2 cucharadas de perejil picado
2 tomates (150 g), sin semillas y picados
1 cebolla grande, picada
25 g de migas de pan del día
1 clara de huevo, ligeramente batida
4 lonchas de queso bajo en grasa
1 cebolla roja grande, en juliana
2 cucharaditas de aceite de oliva
4 panecillos de hamburguesa
40 g de roqueta

1 Cuartee los pimientos y retire las membranas y las semillas. Áselos al grill o la parrilla, con la piel hacia arriba, hasta que la piel se chamusque y salgan ampollas. Póngalos en un cuenco y cubra con papel de plástico. Cuando se hayan enfriado lo suficiente, pélelos con las manos y corte la carne en tiras.

2 Precaliente el horno a 200 °C. Forre una placa para hornear con papel de aluminio. Corte las patatas en barquitas medianas. Rocíe bien con el aceite, vaporizador, sazone y déles la vuelta para que se cubran bien. Repártelas sobre la placa. Hornéelas durante 40 minutos o hasta que estén crujientes y doradas, dándoles una vuelta.

3 Mientras tanto, mezcle el cordero, el tomillo, el perejil, el tomate, la cebolla, el pan rallado, la clara de huevo y 1 cucharadita de pimienta. Forme 4 hamburguesas. Caliente una sartén antiadherente a fuego medio y fríalas 5 minutos por cada lado o hasta que estén cocidas. Ponga una loncha de queso encima para que se derrita un poco. Retire de la sartén. Fría la cebolla en el aceite de oliva durante 4-5 minutos a fuego medio, hasta que se ablande un poco. Corte los panecillos por la mitad y tueste cada lado hasta que estén crujientes.

4 Ponga en el panecillo una hoja de roqueta, la hamburguesa con queso, la cebolla, una tira de pimiento amarillo y verde, y más roqueta, y termine con el panecillo. Corte por la mitad y sirva con la patata.

Pele el pimiento una vez chamuscado.

Con la mezcla de cordero forme hamburguesas del mismo tamaño.

Sopa de lentejas con verduras y yogur especiado

TIEMPO DE PREPARACIÓN: 30 minutos
TIEMPO DE COCCIÓN: 40 minutos
Para 6 personas

2 cucharadas de aceite de oliva
1 puerro pequeño (sólo la parte blanca), picado
2 dientes de ajo, picados
2 cucharaditas de curry en polvo
1 cucharadita de comino molido
1 cucharadita de *garam masala* (mezcla de especias india)
1 l de caldo de verduras
1 hoja de laurel
185 g de lentejas marrones
450 g de calabaza, pelada y cortada en dados de 1 cm
2 calabacines, cortados por la mitad y en rodajas
400 g de tomates picados enlatados
200 g de brécol, cortado en ramitos
1 zanahoria pequeña, en dados
80 g de guisantes
1 cucharada de menta picada

Yogur especiado
250 g de yogur natural cremoso
1 cucharada de hojas de cilantro picadas
1 diente de ajo, picado
3 gotitas de salsa tabasco

1 Caliente el aceite en una cacerola a fuego medio. Añada el puerro y el ajo y sofría de 4-5 minutos o hasta que estén tiernos y dorados. Añada el curry, el comino y el *garam masala* y cueza 1 minuto más removiendo o hasta que desprendan su aroma.

2 Añada el caldo, la hoja de laurel, las lentejas y la calabaza. Lleve a ebullición, reduzca el fuego y deje cocer a fuego lento durante 10-15 minutos o hasta que las lentejas estén tiernas. Sazone bien.

3 Añada los calabacines, los tomates, el brécol, la zanahoria y 500 ml de agua y cueza 10 minutos a fuego lento. Añada los guisantes y deje cocer a fuego lento durante 2-3 minutos.

4 Para la salsa, mezcle bien los ingredientes. Ponga una cucharada en cada plato y decore con menta.

Fría el curry, el comino y el garam masala *hasta percibir su aroma.*

Deje cocer las lentejas y las verduras a fuego lento hasta que estén tiernas.

Mezcle el yogur, el cilantro, el ajo y el tabasco.

Curry de buey de Madrás

TIEMPO DE PREPARACIÓN: 20 minutos

TIEMPO DE COCCIÓN: 1 hora 45 minutos

Para 6 personas

1 cucharada de aceite vegetal
2 cebollas, picadas
3 dientes de ajo, picados
1 cucharada de jengibre fresco rallado
4 cucharadas de pasta de curry de Madrás
1 kg de carne de aguja de buey, limpia
  y cortada en dados de 3 cm
60 g de tomate concentrado
250 ml de caldo de ternera
6 patatas nuevas, cortadas por la mitad
150 g de guisantes congelados

1 Precaliente el horno a 180 °C. Caliente el aceite en una cacerola grande refractaria de fondo grueso de 3 l. Sofría la cebolla a fuego medio de 4-5 minutos. Añada el ajo y el jengibre y sofría, removiendo durante 5 minutos más o hasta que la cebolla esté un poco dorada, teniendo cuidado de que no se queme.

2 Añada la pasta de curry y fría, removiendo, durante 2 minutos o hasta que desprenda su aroma. Aumente el fuego al máximo, añada la carne y remueva constantemente durante 2-3 minutos o hasta que la carne esté bien recubierta. Añada el tomate concentrado y el caldo, y remueva bien.

3 Hornee con el recipiente tapado durante 50 minutos, removiendo 2-3 veces durante la cocción, y añada un poco de agua si fuese necesario. Reduzca la temperatura del horno a 160 °C. Añada la patata y cueza 30 minutos más; luego añada los guisantes y cueza durante 10 minutos más o hasta que la patata esté tierna. Sirva caliente con arroz de jazmín (tailandés de grano largo) al vapor.

Sofría la cebolla, el ajo y el jengibre hasta que la cebolla esté dorada.

Añada la carne a la pasta de curry y remueva para recubrirla.

Añada las mitades de patata y prosiga la cocción 30 minutos.

Macarrones con salsa de hierbas y setas

TIEMPO DE PREPARACIÓN: 15 minutos

TIEMPO DE COCCIÓN: 25 minutos

Para 4 personas

2 cucharadas de aceite de oliva
500 g de champiñones, a rodajas
2 dientes de ajo, picados
2 cucharaditas de mejorana picada
125 ml de vino blanco seco
80 ml de crema de leche ligera
375 g de macarrones
1 cucharada de zumo de limón
1 cucharadita de cáscara de limón rallada
2 cucharadas de perejil picado
50 g de queso parmesano recién rallado

1 Caliente el aceite en una sartén grande de fondo grueso a fuego vivo. Añada los champiñones y cuézalos durante 3 minutos, removiendo constantemente. Añada el ajo y la mejorana y deje cocer otros 2 minutos.

2 Añada el vino a la sartén, reduzca el fuego y deje cocer a fuego lento durante 5 minutos o hasta que el líquido casi se haya evaporado. Incorpore la crema de leche y cueza 5 minutos a fuego lento o hasta que la salsa se haya espesado.

3 Mientras tanto, cueza los macarrones en una cacerola grande con agua hirviendo hasta que estén *al dente*. Escúrralos.

4 Añada la cáscara de limón, el zumo de limón, el perejil y la mitad del queso parmesano a la salsa. Sazónela al gusto con sal y pimienta negra recién molida. Mezcle los macarrones con la salsa y espolvoree con el resto del queso parmesano.

Añada el ajo y la mejorana a los champiñones salteados.

Hierva la pasta en una olla grande hasta que estén al dente.

Añada a la salsa el zumo y el limón, el perejil y la mitad del parmesano.

Fideos salteados con pollo al sésamo

TIEMPO DE PREPARACIÓN: 20 minutos

TIEMPO DE COCCIÓN: 15 minutos

Para 4 personas

600 g de fideos de trigo chinos
1 cucharada de aceite de oliva
1 cucharada de jengibre fresco en juliana
1 chile rojo grande, sin semillas y picado
500 g de filetes de pechuga de pollo, cortados
  en diagonal en tiras de 1 cm
2 dientes de ajo, picados
60 ml de salsa de soja con poca sal
3 cucharaditas de aceite de sésamo
700 g de bok choy (col china) pequeña,
  en 8 tiras longitudinales
2 cucharadas de semillas de sésamo, tostadas

1 Cueza los fideos en una olla con agua hirviendo de 4-5 minutos o hasta que estén tiernos. Escúrralos y lávelos con agua fría. Escúrralos de nuevo.

2 Caliente el aceite en un *wok* y extiéndalo por los laterales girando el recipiente. Añada el jengibre y el chile y saltee removiendo durante 1 minuto. Añada el pollo y saltéelo de 3-5 minutos o hasta que esté dorado y casi cocido.

3 Añada el ajo y cueza 1 minuto más. Vierta la salsa de soja y el aceite de sésamo y dé la vuelta a los ingredientes para recubrirlos. Añada el *bok choy* y los fideos y saltee hasta que el *bok choy* esté tierno y los fideos se hayan calentado. Reparta los fideos en cuencos individuales, espolvoree con las semillas de sésamo y sirva.

Corte cada bok choy en 8 partes con un cuchillo afilado.

Cueza los fideos, escúrralos, lávelos y escúrralos de nuevo.

Saltee el pollo con jengibre y chile hasta que esté dorado y casi cocido.

Moussaka

TIEMPO DE PREPARACIÓN: 30 minutos
TIEMPO DE COCCIÓN: 1 hora 30 minutos
Para 4-6 personas

2 berenjenas grandes (unos 800 g)
1 cucharada de aceite de oliva
1 cebolla grande, picada
1 diente de ajo, picado
500 g de ternera picada magra
125 ml de vino tinto
125 g de tomate concentrado
una pizca de canela molida
2 cucharaditas de orégano picado
15 g de perejil, picado
25 g de migas de pan rallado integral
   o de multicereales
2 cucharadas de queso parmesano rallado

Salsa
20 g de mantequilla
40 g de harina
250 ml de leche desnatada
250 ml de leche
una pizca de nuez moscada molida
1 cucharada de queso parmesano rallado

1 Precaliente el horno a 200 °C. Corte las berenjenas en lonchas longitudinales de 1,5 cm. Póngalas en dos placas para hornear cubiertas con papel de aluminio. Pincele cada lado con 2 cucharaditas de aceite y déles la vuelta. Hornéelas 10 minutos, déles la vuelta y hornee 10 minutos más o hasta que estén doradas. Déjelas enfriar.

2 Caliente el resto del aceite en una cacerola grande. Añada el ajo y la cebolla. Sofría a fuego medio hasta que la cebolla esté transparente. Suba el fuego, añada la carne y dórela 5 minutos. Incorpore el vino tinto, el tomate concentrado, la canela, el orégano y 5 g de perejil. Sazone con sal y pimienta, reduzca el fuego y deje cocer a fuego lento, removiendo de vez en cuando, durante 15-20 minutos. Retire del fuego.

3 Para la salsa, derrita la mantequilla en un cazo. Añada la harina y cueza a fuego lento durante 2-3 minutos. Añada los dos tipos de leche removiendo. Deje cocer a fuego lento durante 6-8 minutos o hasta que la salsa esté espesa y homogénea. Retírela del fuego. Añada la nuez moscada, el queso parmesano y 1/2 cucharadita de sal.

4 Para finalizar, engrase una fuente refractaria rectangular de 18 x 28 cm o redonda de 22 cm. Espolvoree la mitad del pan rallado por la base. Añada una capa de berenjena, reparta la carne por encima. Coloque el resto de la berenjena sobre la carne. Vierta la salsa por encima. Mezcle el parmesano con el resto del perejil, el pan rallado y la pimienta y esparza por encima. Hornee 30 minutos o hasta que la superficie esté dorada y burbujeante. Deje reposar 5 minutos antes de servir.

Arroz vegetariano

TIEMPO DE PREPARACIÓN: 20 minutos
+ 1 noche en remojo
TIEMPO DE COCCIÓN: 40 minutos
Para 6 personas

200 g de judías blancas secas
¼ de cucharadita de hebras de azafrán
2 cucharadas de aceite de oliva
1 cebolla, picada
1 pimiento rojo, cortado en tiras de 1 x 4 cm
5 dientes de ajo, picados
275 g de arroz bomba o de grano redondo
1 cucharada de pimentón dulce
½ cucharadita de mezcla de especias
750 ml de caldo de verduras
400 g de tomates picados enlatados
1 ½ cucharadas de tomate concentrado
150 g de judías de soja frescas o congeladas
100 g de hojas de acelgas, sin tallos, troceadas
400 g de corazones de alcachofa enlatados,
   escurridos y cortados en cuartos
4 cucharadas de hojas de cilantro

1 Cubra las judías blancas con agua fría y déjelas
en remojo toda la noche. Escúrralas y lávelas bien.

2 Ponga las hebras de azafrán en una sartén pequeña
a fuego medio alto. Tuéstelas removiéndolas durante
1 minuto o hasta que se oscurezcan. Retire del fuego
y deje enfriar. Desmenúcelas en un cuenco, añada
125 ml de agua caliente y deje en remojo.

3 Caliente el aceite en una sartén grande. Añada la
cebolla y el pimiento y sofríalos a fuego medio alto
de 4-5 minutos o hasta que la cebolla se ablande.
Incorpore el ajo y sofría 1 minuto. Reduzca el fuego
y añada las judías escurridas, el arroz, el pimentón,
las especias y ½ cucharadita de sal. Remueva
bien para mezclar todos los ingredientes. Añada
el agua con azafrán, el caldo, los tomates y tomate
concentrado, y lleve a ebullición. Tape, reduzca el
fuego y deje cocer a fuego lento durante 20 minutos.

4 Incorpore las judías de soja, las acelgas y los corazones
de alcachofa y deje cocer con el recipiente tapado
durante 8 minutos o hasta que todo el líquido se
haya evaporado y el arroz y las judías estén tiernas.
Apague el fuego y deje reposar 5 minutos. Incorpore
el cilantro justo antes de servir.

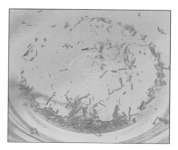

*Deje reposar el azafrán desmenuzado
en agua templada.*

*Añada las judías, el arroz, el pimentón,
las especias y la sal, y remueva.*

Albóndigas de cordero al curry

TIEMPO DE PREPARACIÓN: 25 minutos

TIEMPO DE COCCIÓN: 35 minutos

Para 4 personas

500 g de cordero picado magro
1 cebolla, picada
1 diente de ajo, picado
1 cucharadita de jengibre fresco rallado
1 chile pequeño, picado
1 cucharadita de *garam masala*
1 cucharadita de cilantro molido
45 g de almendras molidas
2 cucharadas de cilantro picado

Salsa

½ cucharada de aceite
1 cebolla, picada
3 cucharadas de pasta de curry *korma*
400 g de tomates picados enlatados
125 g de yogur natural desnatado
1 cucharadita de zumo de limón

1 Mezcle el cordero, la cebolla, el ajo, el jengibre, el chile, el *garam masala*, el cilantro molido, las almendras molidas y 1 cucharadita de sal en un cuenco. Dé a la mezcla forma de albóndigas del tamaño de una nuez con las manos.

2 Caliente una sartén antiadherente grande y fría las albóndigas por tandas hasta que estén doradas por ambos lados. No deben quedar del todo cocidas.

3 Mientras, prepare la salsa. Caliente el aceite en una sartén a fuego lento. Añada la cebolla y sofríala de 6-8 minutos o hasta que esté blanda y dorada. Añada la pasta de curry y fríala hasta que desprenda su aroma. Añada los tomates picados y déjelos cocer a fuego lento durante 5 minutos. Incorpore el yogur (1 cucharada cada vez) y el zumo de limón y mezcle bien.

4 Agregue las albóndigas en la salsa de tomate. Cuézalas tapadas y a fuego lento durante 20 minutos. Sírvalas sobre arroz cocido al vapor y decore con el cilantro picado.

Forme albóndigas del tamaño de una nuez con las manos.

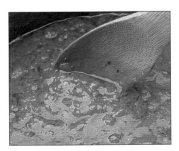

Añada los tomates picados y deje cocer a fuego lento durante 5 minutos.

Añada las albóndigas a la salsa y cuézalas a fuego lento 20 minutos.

Risotto con vieiras y guisantes a la menta

TIEMPO DE PREPARACIÓN: 15 minutos

TIEMPO DE COCCIÓN: 35 minutos

Para 4-6 personas

1 l de caldo de pollo, pescado o verduras
350 g de guisantes pequeños, frescos
  o congelados
2 cucharadas de crema agria ligera
2 cucharadas de menta troceada
1 cucharada de aceite de oliva
1 cebolla pequeña, picada
2 dientes de ajo, picados
150 g de arroz arborio o de Calasparra
16 vieiras grandes (sin el coral)
1 cucharada de queso parmesano fresco rallado
4 hojas de menta, para decorar
limón cortado, para servir

1 Ponga el caldo en una cacerola, lleve a ebullición y añada los guisantes. Deje cocer a fuego lento de 1-2 minutos o hasta que los guisantes estén tiernos. Retírelos con una espumadera y deje cocer el caldo a fuego lento. Mezcle 250 g de los guisantes con la crema agria en un robot hasta obtener una mezcla homogénea. Sazone y añada 1 cucharada de menta.

2 Vierta el aceite en una cacerola grande poco profunda y sofría la cebolla a fuego lento durante 4-5 minutos o hasta que esté blanda. Añada el ajo y cuézalo 30 segundos. Incorpore el arroz y remueva. Suba el fuego a medio.

3 Añada 250 m de caldo al arroz y déjelo cocer, removiendo constantemente, hasta que el líquido se evapore. Vierta 125 ml de caldo cada vez, hasta que el arroz esté cocido y cremoso. Esto llevará unos 20 minutos.

4 Sazone un poco las vieiras. Caliente una plancha, ponga las vieiras encima y áselas por ambos lados al gusto.

5 Mezcle el puré de guisantes con el *risotto*, los guisantes enteros reservados y el parmesano. Reparta el *risotto* en los platos para servir y coloque las vieiras encima. Espolvoree con el resto de la menta, decore con una hoja de menta y sirva con un gajo de limón.

Triture los guisante y la crema agria hasta obtener una mezcla homogénea.

Mezcle el puré, los guisantes y el parmesano con el risotto.

Codillos de cordero braseados con polenta

TIEMPO DE PREPARACIÓN: 20 minutos
TIEMPO DE COCCIÓN: 2 horas 20 minutos
Para 4 personas

60 ml de aceite de oliva
8 codillos de cordero pulidos
30 g de harina sazonada
2 cebollas, en juliana
3 dientes de ajo, picados
1 tallo de apio, cortado en trozos de 2,5 cm
2 zanahorias finas largas, cortadas en trozos de 3 cm
2 chirivías, peladas y cortadas en trozos de 3 cm
250 ml de vino tinto
750 ml de caldo de pollo
250 ml de tomate frito
1 hoja de laurel
1 ramita de tomillo
la cáscara de media naranja cortada en tiras gruesas
1 ramita de perejil
ramitas de tomillo, para decorar

Polenta
500 ml de caldo de pollo
150 g de polenta instantánea fina
50 g de mantequilla
una pizca de pimentón, para espolvorear

1 Precaliente el horno a 160 °C. Caliente el aceite en una cacerola refractaria de fondo grueso, lo suficientemente grande para que quepan los codillos de cordero. Espolvoréelos con harina sazonada y dórelos por tandas en la cacerola. Retire de la cacerola.

2 Añada la cebolla, reduzca el fuego y deje cocer 3 minutos. Incorpore el ajo, el apio, la zanahoria y la chirivía. Vierta el vino y deje cocer a fuego lento 1 minuto; vuelva a poner los codillos en la cacerola. Añada el caldo, el tomate, el laurel, el tomillo, la cáscara de naranja y el perejil. Tape y hornee durante 2 horas.

3 Para la polenta, ponga el caldo y 500 ml de agua en una cacerola y lleve a ebullición. Añada la polenta y remueva con una cuchara de madera. Reduzca el fuego y déjelo cocer de 5-6 minutos o hasta que la mezcla se espese y empiece a despegarse de las paredes. Retire del fuego, añada la mantequilla y sazone. Remueva hasta que se derrita. Ponga la polenta en una fuente caliente y espolvoree con el pimentón.

4 Ponga los codillos en una fuente de servicio, sin hierbas ni cáscara; ponga unas verduras y vierta la salsa. Decore con tomillo.

Dore los codillos sazonados por tandas.

Hornee el cordero y las verduras hasta que la carne esté muy tierna.

Calamares rellenos
con salsa de tomate

TIEMPO DE PREPARACIÓN: 30 minutos

TIEMPO DE COCCIÓN: 1 hora 30 minutos

Para 4 personas

100 g de arroz de grano largo
1 cucharada de aceite de oliva
4 cebollas tiernas, picadas
2 dientes de ajo, picados
40 g de piñones
50 g de pasas de Corinto
2 cucharadas de perejil picado
2 cucharaditas de cáscara de limón
    finamente rallada
2 cucharaditas de zumo de limón
8 calamares medianos enteros limpios (450 g)

Salsa de tomate

3 cucharaditas de aceite de oliva
1 cebolla, en juliana
2 dientes de ajo, picados
1 chile pequeño, picado
2 cucharaditas de pimentón
125 ml de vino blanco
2 latas de tomates triturados de 450 g

1 hoja de laurel fresco
10 g de perejil picado

1 Cueza el arroz en una cacerola grande durante 12 minutos. Escúrralo y déjelo enfriar.

2 Caliente el aceite en una cacerola. Añada las cebollas tiernas y el ajo y sofría a fuego lento hasta que se ablanden. Añada el arroz, los piñones, las pasas, el perejil y la cáscara y el zumo de limón. Sazone; retire de la cacerola y deje enfriar.

3 Para la salsa de tomate, caliente el aceite en una cacerola de fondo grueso. Añada la cebolla y sofríala a fuego lento hasta que esté blanda y dorada. Añada el ajo y el chile y sofría 1 minuto más. Espolvoree con el pimentón y sofría otro minuto. Vierta el vino y cueza unos 2 minutos hasta que se reduzca a la mitad. Añada el tomate y la hoja de laurel, lleve a ebullición, reduzca el fuego y deje cocer a fuego lento durante 30 minutos, removiendo de vez en cuando. Incorpore el perejil y sazone. Deseche la hoja de laurel.

4 Precaliente el horno a 180 °C. Rellene los calamares con la mezcla de arroz frío y piche el extremo con un palillo.

5 Ponga los calamares en una fuente refractaria y vierta por encima la salsa de tomate. Hornee 30 minutos o hasta que los calamares estén tiernos. Córtelos en diagonal, quite los palillos y añadap la salsa.

Mezcle el arroz, los piñones, las pasas, el perejil y la cáscara y el zumo.

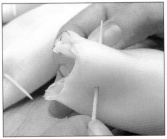

Cierre las bolsas de los calamares rellenos con un palillo.

Broquetas de cerdo sobre tortitas de fideos

TIEMPO DE PREPARACIÓN: 20 minutos
+ 30 minutos de remojo + 1 noche de adobo
TIEMPO DE COCCIÓN: 30 minutos
Para 4 personas

1 kg de solomillo de cerdo, cortado en dados
 de 2 cm
8 cebollas tiernas, cortadas en trozos de 3 cm
2 cucharadas de vinagre de vino
2 cucharaditas de pasta china de chile y judía
 (*chili bean paste*)
3 cucharadas de salsa china *char siu*
400 g de fideos de arroz planos frescos
3 cebollas tiernas en juliana
30 g de hojas de cilantro picadas
1 cucharada de aceite vegetal
ramitas de cilantro, para decorar

1 Ponga a remojar 8 broquetas de
 bambú en agua durante 30 minutos.
 Alterne un trozo de cerdo y uno de
 cebolla tierna en las broquetas. Mezcle
 el vinagre, la pasta de chile y la salsa

char siu en una fuente no metálica. Añada las
broquetas y déjelas en adobo. Cubra con película de
plástico y deje reposar en el frigorífico toda la noche.

2 Escurra las broquetas, reservando el adobo. Áselas
 a la plancha o la parrilla caliente durante 1-2 minutos
 por lado o hasta que estén doradas y bien cocidas.
 Retírelas del fuego y resérvelas al calor. Vierta el adobo
 en un cazo y lleve a ebullición.

3 Separe los fideos con cuidado, añada la cebolla
 tierna adicional y el cilantro y mezcle bien. Divida
 la mezcla en 4 partes. Caliente aceite en una sartén
 antiadherente a fuego medio. Ponga una parte
 en la sartén y presione con una espátula para formar
 una tortita. Cuézala 4 minutos por lado o hasta que
 esté dorada. Retírela del fuego y manténgala caliente.
 Repita la operación con el resto de los fideos.

4 Para servir, ponga cada tortita en un plato y
 coloque encima las broquetas. Rocíe con el adobo
 y decore con el cilantro.

Alterne la carne y las cebollas tiernas
en broqueta.

Mezcle el cilantro y la cebolla tierna
con los fideos.

Presione con una espátula para formar
una tortita y dórela en la sartén.

Salmón con cuscús a la marroquí

TIEMPO DE PREPARACIÓN: 15 minutos

+ 2 horas de adobo

TIEMPO DE COCCIÓN: 20 minutos

Para 4 personas

4 filetes de salmón (unos 170-200 g cada uno),
  sin piel ni espinas

2 dientes de ajo, picados

4 cucharadas de cilantro picado

2 cucharadas de perejil picado

¼ de limón en conserva, sin la membrana
  blanca

½ cucharadita de pimentón

2 cucharadas de menta picada

2 cucharaditas de comino molido

2 cucharaditas de cúrcuma molida

2 cucharadas de zumo de limón

¼ de cucharadita de copos de chiles secos

2 cucharadas de aceite de oliva

2 cucharadas de aceitunas negras

400 g de cuscús instantáneo

1 Seque el salmón con papel de cocina y póngalo en una recipiente no metálico. Mezcle el ajo, el cilantro, el perejil, el limón en conserva, el pimentón, la menta, el comino molido, la cúrcuma molida, el zumo de limón, el chile, 2 cucharadas de aceite de oliva y 2 cucharadas de agua en un robot y triture, pero no demasiado. Extienda la mezcla sobre el pescado y déjelo marinar en adobo durante 2 horas.

2 Precaliente el horno a 190 °C. Corte 4 trozos de papel de aluminio lo bastante grandes para envolver cada filete de pescado. Coloque en cada trozo un filete de pescado con la parte plana hacia abajo, un poco de marinada y aceitunas y sazone bien. Levante los lados del papel de aluminio y dóblelos por los lados para formar un paquetito. Colóquelos en una placa de hornear y hornee durante 20 minutos.

3 Ponga el cuscús en un cuenco refractario grande. Añada el resto del aceite de oliva y 500 ml de agua hirviendo, tape y deje reposar 5 minutos. Airee el cuscús con un tenedor. Repártalo en los platos para servir. Retire el salmón del papel de aluminio y colóquelo encima del cuscús. Vierta por encima los fondos de cocción y las aceitunas.

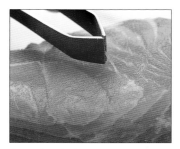

Desespine el salmón con unas pinzas.

Reparta la salsa sobre el salmón
y déjelo marinar.

Teriyaki de buey
con ensalada de pepino

TIEMPO DE PREPARACIÓN: 20 minutos + 30 minutos
de refrigeración + 10 minutos de reposo
TIEMPO DE COCCIÓN: 20 minutos
Para 4 personas

4 filetes de solomillo
80 ml de salsa de soja
2 cucharadas de *mirin*
1 cucharada de sake (opcional)
1 diente de ajo, picado
1 cucharadita de jengibre fresco rallado
1 cucharadita de azúcar
1 cucharadita de semillas de sésamo tostadas

Ensalada de pepino

1 pepino grande, pelado, sin semillas y picado
½ pimiento rojo, en dados
2 cebollas tiernas, en rodajas cortadas en
    diagonal
2 cucharaditas de azúcar
1 cucharada de vinagre

1 Coloque la carne en un recipiente no metálico.
Mezcle la soja, el *mirin*, el sake, el ajo y el jengibre, y
vierta sobre la carne. Cubra con película de plástico
y refrigere durante al menos 30 minutos.

2 Para la ensalada de pepino, ponga el pepino, el
pimiento y la cebolla tierna en un cuenco pequeño.
Eche el azúcar, el vinagre de arroz y 60 ml de agua
en un cazo pequeño y remueva a fuego lento hasta
que el azúcar se disuelva. Aumente el fuego y deje
hervir durante 3-4 minutos o hasta que el líquido
se haya reducido. Vierta sobre la ensalada de pepino,
remueva y deje enfriar por completo.

3 Vaporice con aceite la parrilla del grill y caliéntela a
fuego vivo. Escurra la carne y reserve el adobo. Ásela
de 3-4 minutos por lado o hasta que esté a su gusto.
Retírela y déjela reposar de 5-10 minutos antes de
cortarla.

4 Mientras tanto, ponga el azúcar y el adobo reservado
en un cazo pequeño y caliente, y remueva hasta
que el azúcar se haya disuelto. Lleve a ebullición y deje
cocer a fuego lento de 2-3 minutos, retire del fuego
y mantenga al calor.

5 Corte la carne en lonchas
de 1 cm. Colóquelas en los
platos. Ponga encima un poco
del adobo, una cucharada de
la salsa y decore con semillas
de sésamo. Sirva con arroz
cocido al vapor y el resto
de la ensalada de pepino.

*Mezcle bien el pimiento
y la cebolla.*

*Ase la carne hasta que
esté a su gusto*

Salchichas de pollo con judías

TIEMPO DE PREPARACIÓN: 20 minutos
TIEMPO DE COCCIÓN: 1 hora
Para 6 personas

6 salchichas de pollo sin grasa
1 cebolla, picada
4 dientes de ajo, picados
1 pimiento rojo, cortado en trozos de 2 cm
½ chile pequeño a rodajas
2 tallos de apio, en rodajas
2 latas de 400 g de tomates picados
1 hoja de laurel
400 g de judías pintas enlatadas, escurridas
2 calabacines pequeños, en rodajas
una pizca de chile en polvo
1 cucharada de orégano picado
15 g de albahaca picada
30 g de perejil picado
1 cucharada de tomate concentrado
250 ml de caldo de pollo
1 cucharada de vinagre balsámico
1 cucharada de zumo de limón

1 Caliente una sartén antiadherente a fuego medio. Añada las salchichas y dórelas por ambos lados. Retírelas de la sartén. Añada la cebolla, el ajo, el pimiento, el chile y el apio y deje cocer 5 minutos o hasta que estén tiernos. Añada el tomate y el laurel, reduzca el fuego y deje cocer a fuego lento durante 5 minutos.

2 Corte las salchichas en diagonal en trozos de 3 cm y añádalas al tomate. Cuézalas tapadas, durante 5 minutos. Añada las judías, los calabacines, el chile, el orégano, la albahaca, la mitad del perejil, el tomate concentrado y el caldo. Sazone y deje cocer a fuego lento durante 25 minutos más o hasta que el líquido se haya reducido y la mezcla esté espesa.

3 Incorpore el zumo de limón y el resto del perejil justo antes de servir. Sirva con pan tostado.

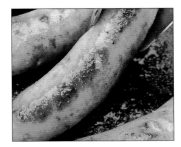

Fría las salchichas en una sartén antiadherente hasta dorarlas.

Fría la cebolla, el ajo, el pimiento, el chile y el apio hasta que estén blandos.

Laksa de mariscos ligera

TIEMPO DE PREPARACIÓN: 15 minutos

+ 10 minutos de remojo

TIEMPO DE COCCIÓN: 10 minutos

Para 4 personas

150 g de fideos de arroz secos

80 g de pasta *laksa* de calidad
  (de venta en establecimientos orientales)

250 ml de leche de coco ligera

1 l de caldo de pescado o verduras

12 langostinos, pelados y sin el conducto
  intestinal con las colas intactas

250 g de filetes de pescado blanco firmes
  (rape, merluza), cortados en dados de 3 cm

200 g de anillas de calamar

1 ½ cucharadas de zumo de lima

1 ½ cucharadas de salsa de pescado

15 g de hojas de cilantro picadas

100 g de brotes de soja

1 lima, en cuartos

hojas de cilantro extra, para decorar

1 Ponga los fideos a remojar en agua caliente durante 10 minutos. Escúrralos y resérvelos.

2 Caliente bien un *wok* grande y añada la pasta *laksa*. Saltee 1 minuto y vierta la leche de coco. Lleve a ebullición y reduzca el fuego. Añada el caldo y deje cocer a fuego lento otro minuto antes de añadir los langostinos y el pescado. Cueza 4 minutos o hasta que los langostinos y el pescado estén opacos. Incorpore los anillos de calamar, el zumo de lima y el cilantro picado. Cueza de 1-2 minutos más.

3 Para servir, ponga los fideos debajo del agua caliente para separarlos y repártalos en cuatro cuencos. Ponga encima los brotes de soja y vierta la sopa y tres langostinos en cada cuenco. Decore con la lima y las hojas de cilantro.

Pele los langostinos y quite el conducto intestinal dejando las colas intactas.

Saltee la pasta laksa 1 minuto en un wok muy caliente.

Cueza el marisco en la leche de coco y el caldo hasta que esté opaco.

Guarniciones de hortalizas

¿ESTÁ CANSADO DE SERVIR EL TÍPICO CUENCO CON ZANAHORIAS, GUISANTES Y PATATAS CON LA CARNE? ESTAS IDEAS AÑADIRÁN UN EXTRA A SUS COMIDAS, AUNQUE AFORTUNADAMENTE SÓLO EN SABOR, NO EN CALORÍAS.

PURÉ DE PATATAS BAJO EN GRASA

Ponga 750 g de patatas para cocer peladas y picadas en una cacerola y cúbralas con 500 ml de caldo de pollo y agua. Lleve a ebullición y cuézalas durante 15 minutos o hasta que estén tiernas. Retírelas del fuego y escúrralas, reservando 80 ml del líquido de cocción. Aplástelas con un aplastapatatas, añada 1 diente de ajo picado, el líquido de cocción reservado y 2 cucharadas de crema agria baja en grasa. Sazone bien con la sal y pimienta blanca y sirva con pollo, filetes o pescado. Para 4 personas.

SETAS SALTEADAS

Caliente 15 g de mantequilla en una sartén grande. Añada 3 cebollas tiernas picadas, 2 cucharaditas de tomillo y 2 dientes de ajo picados y sofría durante 2 minutos. Añada 270 g de champiñones castaña en rodajas. Cueza, removiendo con frecuencia, hasta que las setas estén tiernas y la mayoría del líquido se haya evaporado. Añada 1 cucharada de vinagre de vino tinto. Sazone bien con sal y pimienta negra recién molida. Cueza otros 2 minutos más y sirva. Deliciosas con carnes a la parrilla. Para 4 personas.

BRÉCOL Y COLIFLOR CON BACON Y QUESO

Corte 400 g de brécol y 400 g de coliflor en ramitos. Ponga las verduras en una vaporera de metal o bambú sobre agua hirviendo y cuézalas al vapor, tapadas, de 4-5 minutos o hasta que estén tiernas. Mientras tanto, corte 2 lonchas de bacon en tiras finas y fríalas hasta que estén doradas y crujientes. Escúrralas sobre papel de cocina. Mezcle el brécol, la coliflor y el bacon en una fuente grande. Ponga encima 1 cucharada de crema agria desnatada y 2 cucharadas de queso rallado bajo en grasa. Sirva con carnes a la parilla o pollo. Para 4 personas.

VERDURAS ASIÁTICAS AL VAPOR

Lleve a ebullición 750 ml de agua en un wok o cazuela grande, añada 1 lima cortada en rodajas finas y un trozo de 3 x 3 cm de jengibre fresco picado. Coloque una vaporera de bambú forrada con papel de aluminio sobre el wok o cazuela, y añada 400 g de verduras asiáticas preparadas, como bok choy o col china, choy sum, brécol chino o gai lan. Hágalas al vapor, tapadas, durante 2-3 minutos o hasta que estén blandas. Mezcle 2 cucharadas de salsa de ostras con 1 cucharada de arroz de vino chino, 1 cucharadita de aceite de sésamo y 1 diente de ajo machacado en un cazo. Lleve a ebullición y deje hervir a fuego lento durante 1-2 minutos. Coloque las verduras en una bandeja, rocíe la salsa por encima y espolvoree con 1 cucharadita de semillas de sésamo tostadas. Sirva de inmediato con pollo o pescado al vapor. Para 4 personas.

Patatas rellenas

NO HAY NADA IGUAL
A UNA PATATA ASADA
CUBIERTA DE RELLENO.
LA PATATA, RICA EN
CARBOHIDRATOS Y FIBRA,
TIENE MUCHAS CUALIDADES
NUTRICIONALES. RECUERDE:
SON LOS MONTONES DE
QUESO GRASO Y CREMA
AGRIA LOS QUE ELEVAN
EL CONTADOR DE GRASAS,
POR LO QUE LE ACONSEJAMOS
ESTAS IDEAS BAJAS EN GRASA
COMO SUSTITUTOS.

HORNEAR PATATAS

Precaliente el horno a 210 °C.
Limpie 4 patatas grandes, séquelas
y pínchelas con un tenedor. Hornéelas
directamente sobre la rejilla del horno
durante 1 hora o hasta que estén tiernas
al pincharlas con una broqueta. Déjelas
reposar 2 minutos. Haga un corte en
forma de cruz sobre cada una y presione
ligeramente desde la base para abrirlas.

Si la patata está demasiado caliente,
sujétela con un paño limpio.
Los siguientes rellenos son para 4 personas.

SALSA DE AGUACATE, TOMATE Y MAÍZ

Retire las semillas de 2 tomates maduros
y píquelos. Coloque los tomates en un
cuenco con 125 g de granos de maíz
enlatado, 2 cebollas tiernas picadas,
1 cucharada de zumo de lima y ½ cucharadita
de azúcar y mezcle bien. Añada 1 aguacate
en dados y 15 g de hojas de cilantro picadas.
Sazone. Ponga la mezcla sobre las patatas
y si lo desea añada una cucharada de crema
agria desnatada.

SETAS Y BACON

Fría 3 lonchas de bacon sin piel en una sartén
antiadherente hasta que estén ligeramente
doradas. Añada 1 diente de ajo picado,
2 cebollas tiernas picadas, 1 cucharadita de
tomillo y 180 g de champiñones en láminas.
Cueza a fuego vivo de 3-4 minutos o hasta
que el líquido se haya evaporado. Añada

185 g de crema agria desnatada y sazone
bien. Baje el fuego al mínimo y cueza
un minuto más. Mezcle con 2 cucharadas
de perejil picado. Ponga el relleno sobre
las patatas. Espolvoree con perejil picado
adicional y queso rallado bajo en grasa.

PATATAS RELLENAS DE CARNE

Vaporice una sartén con un poco de
aceite y póngala a fuego medio. Añada
1 cebolla picada, 1 diente de ajo picado,
1 zanahoria picada y 1 tallo de apio picado
y sofríalos hasta que estén tiernos. Añada
250 g de carne de cordero magra picada.
Cueza 2-3 minutos o hasta que cambie de
color. Añada 400 g de tomates enlatados,
1 cucharada de salsa Worcester, 1 cucharada
de tomate concentrado y 125 ml de agua.
Cueza de 20-25 minutos o hasta que
la mezcla espese y se reduzca. Añada
80 g de guisantes congelados y 2 cucharadas
de perejil picado. Deje cocer a fuego lento
durante otros 5 minutos. Sazone. Ponga
el relleno sobre las patatas y sirva.

Sorbete de manzana y pera

TIEMPO DE PREPARACIÓN: 10 minutos
+ congelación
TIEMPO DE COCCIÓN: 10 minutos
Para 4-6 personas

4 manzanas verdes grandes, sin el corazón
  y picadas
4 peras, peladas, sin el corazón y picadas
1 trozo de cáscara de limón (1,5 x 4 cm)
1 ramita de canela
60 ml de zumo de limón
4 cucharadas de azúcar lustre
2 cucharadas de Calvados o licor de peras
  William (opcional)

1 Ponga la manzana y la pera en una cacerola honda
con la cáscara de limón, la ramita de canela y el agua
suficiente para cubrirlas. Tape y cueza la fruta a fuego
medio-bajo de 6-8 minutos o hasta que esté blanda.
Retire la cáscara de limón y la ramita de canela.
Coloque la fruta en un robot y tritúrela con el zumo
de limón hasta que la mezcla esté homogénea.

2 Ponga el azúcar en un cazo con 80 ml de agua
y lleve a ebullición. Deje cocer a fuego lento durante
1 minuto. Añada el puré de frutas y el licor, y mezcle
bien.

3 Vierta la mezcla en una fuente de metal profunda
y congele durante 2 horas o hasta que se haya
congelado por los bordes. Pásela por el robot y
vuélvala a meter en el congelador. Repita este proceso
tres veces. Para la congelación final, colóquela en un
recipiente hermético, tape la superficie con un trozo
de papel sulfurizado y cúbrala con la tapa. Sirva en
vasos pequeños o cuencos.

*Compruebe si la fruta está tierna con
la punta de un cuchillo afilado.*

*Triture la mezcla con un robot hasta
que esté homogénea.*

Budín de chocolate a la naranja

TIEMPO DE PREPARACIÓN: 15 minutos
TIEMPO DE COCCIÓN: 35 minutos
Para 4 personas

2 cucharadas de cacao en polvo
125 g de harina con levadura incorporada
60 g de queso crema bajo en grasa
1 cucharadita de cáscara de naranja rallada fina
125 g de azúcar lustre
125 ml de leche desnatada
80 ml de zumo de naranja recién exprimido
95 g de azúcar moreno suave
1 cucharada de cacao en polvo, adicional
azúcar lustre para espolvorear

1 Precaliente el horno a 180 °C. Tamice el cacao en polvo con la harina, al menos dos veces. Con una cuchara de madera, mezcle el queso, la cáscara de naranja y el azúcar lustre hasta que la mezcla esté homogénea.

2 Incorpórele de forma alternativa la mezcla de harina y leche y añada el zumo de naranja. Vierta la mezcla en 4 moldes individuales engrasados de 310 ml de capacidad.

3 Mezcle el azúcar moreno y el cacao adicional y espolvoree sobre la superficie del budín. Vierta con cuidado 80 ml de agua hirviendo sobre el dorso de una cuchara sobre cada budín. Coloque los moldes en una fuente para hornear y hornee durante 35 minutos o hasta que estén firmes. Espolvoree con el azúcar lustre y sirva.

Mezcle el queso crema, la cáscara de naranja y el azúcar.

Vierta la mezcla en los moldes, rebañando el cuenco con una espátula.

Vierta agua hirviendo sobre el dorso de una cuchara sobre cada molde.

Tiramisú

TIEMPO DE PREPARACIÓN: 20 minutos
+ una noche de refrigeración
TIEMPO DE COCCIÓN: Ninguno
Para 6 personas

500 g de queso ricotta bajo en grasa
400 g de queso fresco a la vainilla bajo en grasa
1 ½ cucharadas de azúcar lustre
1 cucharadita de esencia de vainilla
185 ml de café fuerte, frío
185 ml de Marsala o Jerez dulce
250 g de bizcochos de soletilla
1 cucharada de cacao en polvo sin azúcar

1 Bata en un cuenco la ricotta, el queso fresco, el azúcar y la esencia de vainilla con la batidora eléctrica hasta que la mezcla esté homogénea. Mezcle el café y el Marsala en un plato hondo.

2 Sumerja los bizcochos por tandas en el café hasta que ambos lados se empapen sin llegar a saturarse. Coloque los bizcochos formando una sola capa en una fuente de servicio de 2 l (8 tazas). Reparta la mitad de la mezcla de ricotta sobre los bizcochos, repita otra capa con el resto de los bizcochos empapados y la mezcla de ricotta.

3 Tape con una película de plástico y refrigere 6 horas o una noche entera preferiblemente. Espolvoree con cacao en polvo antes de servir.

Bata la ricotta, el queso fresco, el azúcar y la vainilla.

Introduzca los bizcochos en el café mezclado con el Marsala.

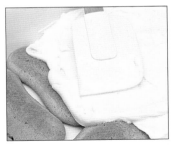

Extienda la mitad de la ricotta sobre los bizcochos con una espátula.

Ensalada de frutas del bosque

TIEMPO DE PREPARACIÓN: 5 minutos + 30 minutos
de reposo + 1 hora 30 minutos de refrigeración
TIEMPO DE COCCIÓN: 5 minutos
Para 6 personas

Almíbar
60 g de azúcar lustre
125 ml de vino tinto seco
1 anís estrellado
1 cucharadita de cáscara de limón picada fina

250 g de fresas, sin el rabito, por la mitad
150 g de arándanos
150 g de frambuesas, moras y otras bayas rojas
250 g de cerezas
5 ciruelas rojas pequeñas,
   unos 250 g, deshuesadas y cuarteadas
yogur desnatado para servir

1 Para el almíbar, ponga el azúcar, el vino, el anís, la cáscara de limón y 125 ml de agua en un cazo. Lleve a ebullición a fuego medio, removiendo para disolver el azúcar. Hierva el almíbar durante 3 minutos y déjelo enfriar 30 minutos. Cuando esté frío, fíltrelo.

2 Mezcle la fruta en un cuenco grande y añada el almíbar. Mezcle bien y refrigere durante 1 hora 30 minutos. Sirva la fruta con un poco de almíbar y el yogur.

Quite los rabitos a las fresas
y córtelas por la mitad.

Hierva el azúcar, el vino, el anís,
la cáscara y el agua 3 minutos.

Mezcle las fresas, los arándanos, las
frambuesas, las cerezas y las ciruelas.

Tarta de queso con limón

TIEMPO DE PREPARACIÓN: 10 minutos
+ 5 horas 30 minutos de refrigeración
TIEMPO DE COCCIÓN: 45 minutos
Para 8 personas

100 g de galletas María o *digestive*,
  machacadas
75 g de margarina baja en grasa, derretida
300 g de queso ricotta bajo en grasa
200 g de queso crema bajo en grasa
125 g de azúcar lustre
80 ml de zumo de limón
2 cucharadas de cáscara de limón rallada
1 huevo
1 clara de huevo

1 Precaliente el horno a 160 ºC. Engrase ligeramente un molde desmontable de 18 cm y ponga en la base papel de hornear. Mezcle las galletas machacadas y la margarina y presione sobre la base del molde. Refrigere durante 30 minutos.

2 Bata la ricotta, el queso crema, el azúcar, el zumo de limón y 3 cucharaditas de cáscara de limón con la batidora eléctrica hasta que la mezcla esté homogénea. Bata el huevo y la clara de huevo.

3 Vierta la mezcla en el molde y espolvoree la superficie con el resto de la cáscara de limón. Hornee durante 45 minutos, el centro aún estará un poco blando. Deje enfriar, refrigere durante al menos 5 horas antes de servir.

Presione la mezcla de galletas sobre el molde preparado.

Bata la ricotta, el queso crema, el azúcar, el zumo de limón y la cáscara.

Vierta el relleno en el molde, rebañando el cuenco con la espátula.

Pan de albaricoque y budín de mantequilla

TIEMPO DE PREPARACIÓN: 10 minutos
TIEMPO DE COCCIÓN: 1 hora 25 minutos
Para 6-8 personas

4 rebanadas de pan multicereales
1 cucharada de margarina baja en grasa
2 cucharadas de confitura de albaricoque
40 g de pasas sultanas
425 g de mitades de albaricoque enlatados, escurridos
625 ml de leche desnatada
½ ramita de vainilla
2 huevos
2 cucharadas de azúcar lustre
nuez moscada recién molida, para espolvorear

1 Precaliente el horno a 160 °C. Unte un lado del pan con la margarina y la confitura, manteniendo la corteza intacta. Espolvoree la mitad de las pasas sobre la base de una fuente cerámica rectangular de 2 l (8 tazas). Corte las rebanadas de pan por la mitad y colóquelas, con la confitura hacia arriba, sobre las sultanas. Cubra con las mitades de albaricoque y el resto de las pasas.

2 Ponga la leche en una cacerola. Corte la barrita de vainilla en sentido horizontal y raspe las semillas para incorporarlas a la leche. Añada también la vaina. Caliente la leche hasta que vaya a hervir. Bata los huevos y el azúcar en un cuenco hasta que estén espumosos y blanqueen. Añada poco a poco la leche caliente, removiendo constantemente. Filtre la mezcla y viértala con cuidado sobre el pan. Espolvoree ligeramente con nuez moscada rallada. Coloque el recipiente en una bandeja de hornear profunda y vierta agua hirviendo hasta alcanzar la mitad de la fuente. Hornee durante 1 ¼ horas o hasta que la crema haya cuajado.

Extienda las pasas restantes sobre la superficie del pan.

Filtre la leche caliente por un tamíz para eliminar las semillas de vainilla.

Con la fuente en una bandeja, vierta agua hirviendo hasta la mitad.

BLUME

Título original:
Light & Healthy

Traducción:
Clara E. Serrano Pérez

Revisión y adaptación de la edición en lengua española:
Ana María Pérez Martínez
Especialista en temas culinarios

Coordinación de la edición en lengua española:
Cristina Rodríguez Fischer

Primera edición en lengua española 2006

© 2006 Naturart, S.A. Editado por Blume
Av. Mare de Déu de Lorda, 20
08034 Barcelona
Tel. 93 205 40 00 Fax 93 205 14 41
E-mail: info@blume.net
© 2004 Murdoch Books, Sídney (Australia)

I.S.B.N.: 84-8076-601-8

Impreso en China

CONSULTE EL CATÁLOGO DE PUBLICACIONES *ON-LINE*
INTERNET: HTTP://WWW.BLUME.NET